はじめて学ぶ 独占禁止法

第4版

菅久修一 編著

南　雅晴　天田弘人
小室尚彦　田邊貴紀
稲熊克紀　五十嵐俊子 著

商事法務

● 第4版はしがき

　令和3年（2021年）3月に本書第3版が刊行された頃は、新型コロナウイルス感染症対策が最重要課題で、その後もしばらくは行動制限の多い日々が続いたが、この間にも新たに、重要な判決や命令、企業結合事例などが登場している。加えて、公正取引委員会は、エンフォースメント（法執行）とアドボカシー（競争政策の普及啓発活動）の連携を強化・促進するという方向性を打ち出し、また、温室効果ガス削減への取組と関連する独占禁止法上の行為類型を広範に取り込んだ極めて包括的なグリーンガイドラインを世界に先駆けて策定・公表している。

　独占禁止法をはじめて一通り理解しようと思っている方々のために、現在の公正取引委員会と裁判所での独占禁止法の実際の運用と考え方に基づいて執筆したものをお届けするという本書の趣旨・方針はそのままに、このような動きを反映させて、第4版を公刊することとした。

　引き続き多くの方々のお役にたち、活用されることを期待している。

　第4版の刊行に当たっては、株式会社商事法務の辻有里香氏に引き続き多大なご尽力をいただいた。ここに記して深く感謝申し上げる。

　令和6年3月

菅久　修一

●第3版はしがき

　本書第2版が令和元年に刊行されて以降、課徴金制度の見直しを主な内容とする独占禁止法改正法案が同年6月に可決・成立し、令和2年12月25日に全面施行され、また、令和元年12月に企業結合ガイドラインと手続対応方針が改定されるなど独占禁止法に関する制度に大きな動きがあった。これに加え、新たに重要な判決、命令や企業結合事例も登場し、外国の競争法についてもこの間さまざまな動きがあった。

　独占禁止法をはじめて一通り理解したいと思っている方々のために、という本書の趣旨を維持しつつ、これらの動きを反映させて、第3版を公刊することとなった。

　引き続き、多くの方々に活用されることを期待している。

　最後に、第3版の刊行に当たり、株式会社商事法務の澁谷禎之氏、辻有里香氏に多大なご尽力をいただいた。ここに記して深く感謝申し上げる。

　令和3年1月

菅久 修一

●第2版はしがき

　本書は約3年前に公刊されたが、その際の「ビジネスパーソンや学生などで、独占禁止法をはじめて一通り理解したいと思っている方々に、まず手に取ってもらえるもの」という企画の意図が幸いにして受け入れられ、予想以上に多くの方々の好評を得ることができた。

　自由経済社会の重要な基盤の一つである独占禁止法を巡っては、この間に、平成29年に流通・取引慣行に関する独占禁止法上の指針（流通・取引慣行ガイドライン）が全面的に改正され、また、TPP11協定整備法による独占禁止法の改正で確約手続が導入された（同協定が発効した平成30年12月30日に施行）ほか、注目すべき新たな判決、審決、命令や企業結合事例も公表されている。

　こうした新たな動きを取り入れて改訂し、第2版を送り出すこととした。

　引き続き、多くの「独占禁止法をはじめて一通り理解したいと思っている方々」に活用されることを期待している。

　なお、調査協力減算制度の導入など課徴金制度の見直しを内容とする独占禁止法一部改正法案が平成31年3月12日に閣議決定（同日に国会提出）され、また、小売業者による優越的地位の濫用事件で課徴金納付命令の一部を取り消す旨の審判審決（株式会社山陽マルナカに対する件）が同年2月22日に出されたが、これらの内容は本書には反映されていない。

　最後に、第2版の刊行に当たり、株式会社商事法務の岩佐智樹氏、下稲葉かすみ氏に多大なご尽力をいただいた。ここに記して深く感謝申し上げる。

　令和元年5月

　　　　　　　　　　　　　　　　　　　　　　　菅久　修一

●はしがき

　独占禁止法（私的独占の禁止及び公正取引の確保に関する法律）が昭和 22
年（1947 年）に制定されたとき、これと同種の法律（競争法）があったの
は、世界中で北米（米国、カナダ）だけであった。昭和 43 年（1968 年）か
ら昭和 44 年（1969 年）にかけて、八幡製鐵・富士製鐵の合併（新日本製鐵
の設立）が独占禁止法に違反するかどうかで大問題になっていたとき、
ヨーロッパには、企業結合規制（合併規制）は存在しなかった。ドイツ（西
ドイツ）で企業結合規制が始まったのは 1973 年、EU（欧州委員会）が企
業結合規制をきちんと始めたのは 1990 年である。

　競争法の分野で最大の国際組織である国際競争ネットワーク（ICN）
は、2001 年に、公正取引委員会や司法省（米国）、連邦取引委員会（米国）、
欧州委員会（EU）を含む 14 か国・地域の 16 当局で発足したが、今では、
100 を超える国・地域の競争当局がメンバーとなっている。

　1990 年代以降、世界中のほとんどの国・地域が自由経済（市場経済）体
制となる中で、自由経済（市場経済）がうまく機能するための法律である
競争法は、世界中に急速に拡大した。このため、今日、日本と世界の経
済を理解するためには、競争法（独占禁止法）についての基本的な理解は
欠かせないであろう。

　そこで、ビジネスパーソンや学生などで、独占禁止法をはじめて一通
り理解したいと思っている方々に、まず手に取ってもらえるものとして、
本書を企画した。本書では、日本の競争法である独占禁止法の重要な部
分についての基本的な考え方に焦点を当てて記述するとともに、外国の
主な競争法の概要も紹介している。

　更に、自由経済（市場経済）の「共通語」である競争法については、各
国・地域の間で共通の理解が大幅に進み、競争法の重要な部分について
の基本的な考え方が大きく異なるということはなくなってきている。こ
のため、本書を一読していただくことは、世界の競争法に共通する基本

的な考え方を理解するうえでの出発点にもなるものと期待している。

　なお、本書は、拙編著『独占禁止法〔第2版〕』（商事法務、2015）よりも更に基本的な内容のものであり、現在の公正取引委員会と裁判所での独占禁止法の実際の運用と考え方に基づいて執筆した点は同書と同様である。必要に応じて、適宜同書もご参照いただければ幸いである。

　本書の刊行に当たっては、株式会社商事法務の岩佐智樹氏、久保寺弥紗子氏に多大な御尽力をいただいた。ここに記して、深く感謝申し上げる。

　平成28年3月

菅久　修一

はじめて学ぶ独占禁止法〔第4版〕

Contents

第1章　概説 ……………………………………………………… 1

　1-1　独占禁止法の目的 ……………………………………… 1

　1-2　競争法とは ……………………………………………… 4

　1-3　規制対象 ………………………………………………… 5

　1-4　競争とは ………………………………………………… 7

　1-5　主な規制手段 …………………………………………… 9

　1-6　違反行為に対する措置 ………………………………… 13

第2章　不当な取引制限・事業者団体の規制 ……………… 17

　2-1　不当な取引制限とは …………………………………… 17

　2-2　不当な取引制限とは（入札談合について）………… 22

　2-3　一定の取引分野 ………………………………………… 25

　2-4　競争の実質的制限 ……………………………………… 28

　2-5　公共の利益に反して …………………………………… 30

　2-6　いわゆる官製談合 ……………………………………… 31

　2-7　事業者団体の規制 ……………………………………… 34

第3章　私的独占 ………………………………………………… 37

　3-1　私的独占とは …………………………………………… 37

　3-2　排除行為 ………………………………………………… 39

　3-3　支配行為 ………………………………………………… 45

　3-4　公共の利益に反して、一定の取引分野における

　　　　競争の実質的制限 …………………………………… 46

第4章　不公正な取引方法 ·· 49

　4-1　不公正な取引方法とは ··· 49
　4-2　公正競争阻害性 ··· 50
　4-3　正当化事由 ··· 53
　4-4　共同の取引拒絶 ··· 55
　4-5　その他の取引拒絶 ··· 57
　4-6　差別的取扱い ··· 59
　4-7　不当廉売 ··· 60
　4-8　差別対価 ··· 63
　4-9　再販売価格の拘束 ··· 65
　4-10　排他条件付取引 ·· 68
　4-11　拘束条件付取引 ·· 70
　4-12　抱き合わせ販売 ·· 76
　4-13　優越的地位の濫用 ·· 78
　4-14　競争者に対する取引妨害 ······································ 82
　4-15　ぎまん的顧客誘引・不当な利益による顧客誘引 ············· 85

第5章　違反事件の手続と措置 ·· 89

　5-1　違反事件の手続・行政調査 ···································· 89
　5-2　違反事件の手続・命令 ·· 93
　5-3　違反事件の措置・排除措置命令 ································ 95
　5-4　違反事件の措置・課徴金納付命令 ······························ 97
　5-5　違反事件の措置・課徴金の算定方法（カルテル・入札談合）
　　　　 ··· 100
　5-6　違反事件の措置・課徴金の算定方法（優越的地位の濫用）
　　　　 ··· 102
　5-7　違反事件の措置・課徴金減免制度・調査協力減算制度 ···· 104

5－8 違反事件の措置・確約手続 ……………………………………… 108

5－9 違反事件の措置・警告・注意 …………………………………… 110

5－10 違反事件の措置・刑事罰 ………………………………………… 111

5－11 違反事件の措置・民事訴訟 ……………………………………… 114

第6章 企業結合規制 ……………………………………………… 117

6－1 企業結合規制とは ………………………………………………… 117

6－2 企業結合審査の流れ ……………………………………………… 119

6－3 一定の取引分野 …………………………………………………… 121

6－4 水平型企業結合での競争の実質的制限 ……………………… 125

6－5 垂直型企業結合での競争の実質的制限 ……………………… 131

6－6 混合型企業結合での競争の実質的制限 ……………………… 135

6－7 競争の実質的制限を解消するための措置（問題解消措置）
　　　 ………………………………………………………………………… 137

6－8 企業結合審査の手続 ……………………………………………… 139

第7章 知的財産権と独占禁止法 ……………………………… 145

7－1 独占禁止法21条の適用除外 …………………………………… 145

7－2 独占禁止法上問題となる場合 ………………………………… 148

第8章 独占禁止法の適用除外、規制分野への
　　　 独占禁止法の適用等 ……………………………………… 153

8－1 独占禁止法の適用除外 …………………………………………… 153

8－2 行政指導と独占禁止法の関係 ………………………………… 157

8－3 規制分野への独占禁止法の適用 ……………………………… 160

8－4 経済のデジタル化と競争政策 ………………………………… 164

第9章　国際的な執行 ……………………………………… 169

　9-1　独占禁止法の国際的な適用 …………………………… 169

　9-2　外国に所在する事業者への書類の送達 ……………… 172

　9-3　国際協力 …………………………………………………… 174

　9-4　独占禁止法の国際的な適用や競争当局間の協力の事例 … 179

第10章　組織・歴史 ………………………………………… 181

　10-1　公正取引委員会の組織 ……………………………… 181

　10-2　独占禁止法の歴史 …………………………………… 182

第11章　外国の競争法 ……………………………………… 187

　11-1　米国の競争法 ………………………………………… 187

　11-2　EUの競争法 …………………………………………… 191

　11-3　韓国の競争法 ………………………………………… 195

　11-4　中国の競争法 ………………………………………… 199

　11-5　インドの競争法 ……………………………………… 203

独占禁止法・競争政策に関する情報源 …………………… 209

● 執筆者等紹介

[編著者]

菅久　修一（すがひさ・しゅういち）

　1960 年生まれ、1983 年東京大学経済学部卒業、公正取引委員会事務局入局。在ベルリン日本国総領事館領事、審査局管理企画課長、官房総務課長、消費者庁審議官、公正取引委員会事務総局取引部長、経済取引局長、事務総長等を経て（2022 年 7 月退官）、2022 年 8 月よりベーカー＆マッケンジー法律事務所（外国法共同事業）シニアコンサルタント。早稲田大学大学院法学研究科非常勤講師（2018 年 4 月より）。

　執筆担当：第 1 章、第 8 章、第 10 章

[著　者]

南　雅晴（みなみ・まさはる）

　1969 年生まれ、1992 年早稲田大学法学部卒業、1993 年公正取引委員会事務局入局。審決訟務室長、課徴金減免管理官、消費者庁消費者制度課企画官、消費者庁表示対策課上席景品・表示調査官、公正取引委員会事務総局審査局訟務官、消費者庁表示対策課長等を経て、2024 年 1 月より公正取引委員会事務総局官房総務課長。

　執筆担当：第 2 章

天田　弘人（あまだ・ひろひと）

　1973 年生まれ、1996 年早稲田大学政治経済学部経済学科卒業、公正取引委員会事務局入局。在ドイツ日本国大使館一等書記官、審査局上席審査専門官、審査局管理企画課企画室長、内閣府規制改革推進室参事官等を経て、2022 年 7 月より公正取引委員会事務総局経済取引局調整課長。

　執筆担当：第 3 章、第 4 章

小室　尚彦（こむろ・なおひこ）

　1972 年生まれ、1995 年慶應義塾大学法学部卒業、公正取引委員会事務局入局。経済協力開発機構日本政府代表部一等書記官、審査局管理企画課審査企画官、経済取引局総務課企画室長、審査局情報管理室長、内閣府規制改革推進室参事官、経済取引局調整課長等を経て、2022 年 7 月より公正取引委員会事務総局審査局第二審査長。

　執筆担当：第 5 章

田邊　貴紀（たなべ・たかき）

　1972 年生まれ、1996 年早稲田大学商学部卒業、民間企業を経て、2005 年公正取引委員会事務総局入局。審査局上席審査専門官、審査局情報管理室長、経済取引局上席企業結合調査官等を経て、2022 年 12 月より公正取引委員会事務総局官房参事官。

　執筆担当：第 6 章

稲熊　克紀（いなぐま・かつのり）

　1971 年生まれ、1994 年名古屋大学経済学部卒業、公正取引委員会事務局入局。在アメリカ合衆国日本国大使館一等書記官、審査局情報管理室長、審査局上席審査専門官（国際カルテル担当）、官房国際課長、官房総務課長等を経て、2024 年 1 月より内閣府規制改革推進室次長。

　執筆担当：第 7 章、第 9 章

五十嵐　俊子（いがらし・としこ）

　東京大学教養学部卒業、ハーバード大学ケネディ行政大学院修士号（M. P. A）取得。民間シンクタンクを経て、2001 年公正取引委員会事務総局入局。官房国際課企画官、経済取引局上席企業結合調査官、経済調査室長、官房総務課企画官（経済分析室長）等を経て、2023 年 1 月より公正取引委員会事務総局官房国際課長。

　執筆担当：第 11 章

　＊　2024 年 1 月末現在。

概説

第1章

1-1 独占禁止法の目的

　独占禁止法(独禁法)(私的独占の禁止及び公正取引の確保に関する法律(昭和22年法律第54号))は、第二次世界大戦後、労働立法、農地解放とともに、経済民主化政策として実施された財閥解体、過度経済力集中排除等によって形成された民主的な経済の仕組みを維持する役割を担うことを期待されて、昭和22年(1947年)に制定された。同じ年に、同法を運用する行政機関として、公正取引委員会(公取委、公取)が設立されている。

　独占禁止法の目的は、公正かつ自由な競争を促進すること(1条)である。1条では、この「公正かつ自由な競争を促進」することに加えて、「……以て、一般消費者の利益を確保するとともに、国民経済の民主的で健全な発達を促進すること」とも書かれているが、これは、同法の直接の目的ではなく、究極の目的であると解されている(石油価格協定刑事事件(最高裁判決昭和59年2月24日))。

　公正かつ自由な競争を促進することは、創意工夫により良質・廉価な商品を供給しようとする事業者の努力を促そうとするものである。各事業者が自ら商品の価格、生産数量等を決め、新たな市場に挑戦し、また、創意工夫を凝らして、消費者から選ばれる魅力的な商品を供給しようとして競い合うことは、消費者に利益をもたらすだけでなく、創意あふれる事業者自らの事業活動の発展にもつながることになる(農協ガイドライン(農業協同組合の活動に関する独占禁止法上の指針(平成19年公取委))第2部第1の1)。

また、判決においても、以下のように指摘されている。

独占禁止法は、「我が国における自由競争経済を支える基本法」、「国内における自由経済秩序を維持・促進するために制定された経済活動に関する基本法」である。「特に今日、一般消費者の利益を確保するとともに、国際的にも開かれた市場の下で、我が国経済の健全な発展を図るため、公正かつ自由な競争を促進し、市場経済秩序を維持することが重要な課題となっており、このため国内的にも、また、国際的にも、独禁法の順守が強く要請されてきている」。独占禁止法は、「経済活動に携わる事業関係者に等しく守られなければならないものである」（ラップ価格カルテル刑事事件（東京高裁判決平成 5 年 5 月 21 日）、シール談合刑事事件（東京高裁判決平成 5 年 12 月 14 日））。

これらの判決にもあるように、日本の経済は、自由経済（市場経済）体制を採っている。自由経済（市場経済）とは、平たくいうと、事業者は、消費者（購入者）が求めているものや消費者の嗜好などを考え、何を幾らの値段でどのくらいの量を生産・販売するかを自由に決め、消費者は、自らが必要とするものを自由に選び、消費者が求めるものを良い品質・お手頃な価格で提供する事業者が利益を上げることができるという仕組みである。このような経済の仕組みを日本が採用していることは、日本国憲法が保障している経済的自由（憲法 22 条 1 項（職業選択の自由）、憲法 29 条（財産権））と深く関係している。独占禁止法は、こうした自由経済（市場経済）がうまく機能するようにするための法律である。

なお、第二次世界大戦後から 1970 年代頃にかけての期間、競争法が実質的に執行されていたのは、米国、西ドイツと日本においてのみであったが、戦後の世界経済の先頭を走ってきたのがこれら 3 か国であったことを考えると、この事実は、大変に興味深い。また、1 条に「国民経済の民主的で健全な発達」と書かれているが、e-Gov 法令検索（https://elaws.e-gov.go.jp）で「民主」と入力して検索すると、30 本の法律がヒットし、それらのうち、法令番号が昭和 20 年代のものが 12 本ある（令和 6 年 2 月末現在）。これら 12 本には、独占禁止法のほか、地方自治法、国

家公務員法、公職選挙法、放送法、地方公務員法など、戦後の民主化政策に関係する法律が含まれている。

●コラム● なぜ、カルテルや入札談合はいけないのか

　談合は入札を歪め、落札価格が高くなり、国や地方自治体の支出が増え、最終的には、納税者が被害を受けることになる。財政事情が厳しい中、談合によって財政支出が増えてしまうことになれば、その被害は一層大きい。

　カルテルでも同じであるが、入札談合をしている事業者は、当面は、それによって利益を上げることができる。しかし、カルテルや入札談合は、より良いものをより求めやすい価格で提供するという事業者の努力を否定するものである。この結果、事業者がそのようなインセンティブを失うと、その業界の潜在的な成長力は、鈍化、停滞、衰退することになる。カルテルや入札談合は、参加事業者がこれまでと変わらずにやっていけるようにするもの、すなわち、現状を固定するものであるから、意欲のある事業者であればあるほど、新たな創意工夫をしようとする意欲をなくし、その結果、社会が停滞することになる。

　しかも、他の業界や他の地域から、意欲的で競争力のある事業者が新たに登場してくることは、十分にあり得るが、カルテルや入札談合を行っている事業者は、経済環境の変化に対応したり、新規参入者に対抗する能力が低下しているため、消費者（顧客）は新たに登場した事業者の魅力的な商品のほうを選ぶようになる。カルテルや入札談合によって、効率的でない事業者の利益や雇用を維持しようとしても、それが可能なのは一時的に過ぎない。少し長い目でみると、カルテルや入札談合に染まった事業者は、事業規模を大幅に縮小（人員整理）せざるを得なくなり、さらには、市場からの撤退を余儀なくされることにもなりかねない。

　カルテルや入札談合を行えば、既存事業者は、少なくとも短期的には利益を得ることができるし、発注者も事務負担を軽減することができるかもしれない。しかし、意欲のある事業者は、創意工夫をする機会を失うこととなり、結局のところ、社会全体にとって不利益となる。さらに、商品・役務の購入者（消費者）や納税者は、高い買い物を強いられるため、短期的にも損害を蒙る。

1-2 競争法とは

　自由な競争と開かれた市場を促進し、維持することを主たる目的として行われる法令の運用や、その他の様々な施策のことは、一般に「競争政策」（competition policy）と呼ばれている。

　市場における競争を維持・促進するための方法（広い意味での競争政策）としては、

　① 事業者による競争制限行為を禁止し、また、企業結合等によって競争制限的な市場構造が発生し、または強化される可能性がある場合に、これを禁止する方法と、

　② 新企業の設立支援、価格規制や参入制限の緩和・撤廃（規制緩和・規制改革）、補助金等による下位企業、中小企業等への支援、外国企業等の新規参入を促進するための税制上の優遇措置、不可欠施設（essential facilities）（たとえば、固定通信の加入者回線や電気事業の送配電網）へのアクセスを確保するための接続料金、託送料金等の規制など、直接的に競争の導入・強化そのものの実現を目的とする政策手段を用いる方法

とがある。

　独占禁止法は、①の方法で「公正かつ自由な競争の促進」という目的を実現しようとしている。

　公正取引委員会が独占禁止法の執行によって行っていることを「独占禁止政策」（独禁政策）と呼ぶこともある。たとえば、中央省庁等改革基本法（平成10年法律第103号）21条10号では、「独占禁止政策を中心とした競争政策については、引き続き公正取引委員会が担うものとし、経済産業省の所管としないこと」と規定されている。

　独占禁止法に相当する法律は、現在、130を超える国・地域に存在しているが、これらの法律は、「競争法」と呼ばれることが多い。

　なお、米国の競争法（シャーマン法、クレイトン法、連邦取引委員会法）

は、「反トラスト法」とも呼ばれている。

　では、どのような法律が「競争法」か、ということについては、今日では、

①　カルテルを原則として禁止する規定、

②　単独事業者による反競争的行為を規制する規定、

③　企業結合を規制する規定

のすべてを含み、かつ、

④　専門の当局が執行している法律

を「包括的競争法」（comprehensive competition law）といい、これを「競争法」と呼ぶことが一般的である。

　独占禁止法は、包括的競争法である。

　また、この専門の当局（日本では、公正取引委員会）は、一般的に「競争当局」（competition authority）と呼ばれている。

1-3　規制対象

　独占禁止法は、「公正かつ自由な競争の促進」という目的を達成するために、事業者や事業者団体が競争制限的または競争阻害的な一定の行為を行うことを禁止している。すなわち、独占禁止法の規制の対象は、事業者と事業者団体である。

　事業者とは、商業、工業、金融業その他の事業を行う者（2条1項）で、事業の種類や営利性の有無、法人か個人かは問わない（農協ガイドライン第2部第1の2）。この場合に、事業とは、なんらかの経済的利益の供給に対応し反対給付を反覆継続して受ける経済活動を指していて、その主体の法的性格を問うところではない（都営芝浦と畜場事件（最高裁判決平成元年12月14日））。このため、株式会社等の営利法人、製造業者（メーカー）、販売業者、銀行、保険会社、証券会社等は当然に事業者であるが、それらだけでなく、公認会計士、行政書士、弁護士等の資格者（資格者ガイド

ライン（資格者団体の活動に関する独占禁止法上の考え方（平成13年公取委事務局）））、医師（医師会ガイドライン（医師会の活動に関する独占禁止法上の指針（昭和56年公取委））、観音寺市三豊郡医師会事件（東京高裁判決平成13年2月16日））、地方公共団体（都営芝浦と畜場事件（最高裁判決平成元年12月14日）、豊北町福祉バス事件（山口地裁下関支部判決平成18年1月16日））、国（お年玉付き年賀葉書事件（最高裁判決平成10年12月18日））も事業者となり得る。

　事業者団体とは、事業者としての共通の利益を増進することを主たる目的とする2以上の事業者の結合体またはその連合体であり（2条2項）、たとえば、○○工業会、○○協会、○○組合といった団体や、これらの団体の連合会（○○連合会）は、事業者団体である（事業者団体ガイドライン（事業者団体の活動に関する独占禁止法上の指針（平成7年公取委））第1の2）。

　「事業者としての共通の利益」とは、その団体を構成する事業者の経済活動上の利益に直接または間接に寄与するものをいう。事業者の個々の具体的な利益であっても、業界一般の利益であってもよい。

　「主たる目的」とは、いくつかの目的のうち主要なものをいう。定款や規約等で目的として定められているかどうかにかかわらず、その事業者団体の活動内容等から実質的に判断される。

　事業者団体は、「2以上の事業者の結合体またはその連合体」であるが、事業者自体がメンバーになっている場合だけでなく、その事業者の利益のために活動する役員、従業員、代理人等（たとえば、各会社の役員や部課長）をメンバーとする継続的な集まりも、事業者としての共通の利益を増進することを主たる目的とするものであれば、事業者団体である（2条1項）。

　また、結合体といえるために形式的な要素は必要としないため、法人格や定款・約款がなく、常設の事務組織が存在しないといった場合であっても事業者団体となり得るし、事業者団体の下部組織である支部等でも、それ自体で独自の行動をとっている場合などには、事業者団体となり得

る（農協ガイドライン第2部第1の3（注2））。

　なお、「2以上の事業者の結合体またはその連合体」が、その団体自体
として、営利を目的として実際に事業を営んでいる場合には、事業者団
体としてではなく、事業者として独占禁止法の規制の対象となる（2条2
項ただし書）。また、学術団体、社会事業団体、宗教団体等であって、事
業者としての共通の利益の増進を目的としていないものは、独占禁止法
の規制対象である事業者団体には当たらない。

1-4　競争とは

　2条4項で、「競争」とは、2以上の事業者がその通常の事業活動の範
囲で、かつ、その事業活動の施設や態様に重要な変更を加えることなく、
同一の需要者に同種または類似の商品・役務を供給したり、同一の供給
者から同種または類似の商品・役務の供給を受けるという行為をしたり、
することができる状態をいうと規定されている。これは、「競争」には、
①売手競争と買手競争を含むこと、②現にある競争（顕在競争）と潜在競
争を含むこと、③ブランド間競争（メーカーの間の競争や異なるブランド
の商品を取り扱う流通業者間の競争）とブランド内競争（同一ブランドの商
品を取り扱う流通業者間の競争）が含まれることを示している。

●コラム●　2つの「競争」
　「競争」が経済の繁栄や成長にとって不可欠の基盤であるということは、
これまで、経済学が理論的に立証してきたが、それだけでなく、中央計画
経済体制という仕組みを採ってきた旧東側陣営の崩壊や、各国における
規制改革（規制緩和）による競争の導入や新規参入の促進によって、価格
の低下だけでなく、新たな多様な商品・サービスが続々と登場し、大きな
利益が社会にもたらされたことなどからも明らかであろう。
　しかし、一方で、「競争」を批判する人や、「競争」への違和感を持つ人

は相当にいると思われる。

なぜ、「競争」に悪いイメージを持つ人たちがいるのかということを考えてみると、それは、「競争」という言葉に２つの相異なるものが含まれているためではないだろうか。

「競争」という言葉から「生存競争」とか「受験競争」を思い浮かべた場合、この「競争」（生存競争型競争）をＡとＢで行うとすると、この勝負は、ＡとＢの間だけで決めることができる。たとえば、受験競争を単純化して、ＡとＢの２人が定員１の入試をペーパー試験の成績で競うとすると、ＡとＢのうち試験の点数が上のほうが勝ち（合格）ということになる。すなわち、ＡとＢの間だけで勝ち負けを決めることができ、しかも、勝ったほうだけが利益（合格という利益）を得る。

一方、「市場競争」という用語での「競争」（市場競争型競争）は、これとは異なる。たとえば、Ａ社とＢ社で市場競争をしているとすると、Ａ社とＢ社の間だけでは勝ち負けを決めることはできない。Ａ社がＢ社よりも従業員数が多いからといっても、Ａ社の勝ちということにはならない。Ａ社がＢ社に勝つためには、Ａ社は、Ｂ社の商品よりも多くの顧客（購入者、消費者）に買ってもらえるような商品を生産・販売しなければならない。顧客がＢ社ではなくＡ社の商品を選ぶのは、Ａ社の商品のほうが価格や品質などの面で自分にとってお得だと判断するからである。すなわち、事業者は、より多くの満足を顧客に与えることのできる商品を提供することができるかどうかで「競争」をしている。この競争（市場競争）は、第三者に利益を与える競い合いなので、「競争」が行われることで、第三者である顧客の利益は益々増大する。

たとえると、巨人と阪神が試合をしてどちらが勝つかは、生存競争型競争である。この場合は、無観客であっても勝ち負けを決めることができる。一方、東京ドームと甲子園球場のどちらがより多くの利益を上げることができるかが市場競争型競争である。この勝負を決めるためには、観客（ファン、顧客）の存在が欠かせない。

「競争」から生存競争型競争を思い浮かべると、よくないイメージを持ってしまうかもしれないが、市場競争は、これとは異なる。市場競争は、第三者に利益を与える競い合いであり、第三者である顧客（購入者、消費者）は、常に利益を得る、ということを意識すれば、「市場」や「競争」に多少なりとも良いイメージを持つことができるのではないだろうか(注)。

(注)　菅久修一「2つの「競争」」NBL855号10頁（2007）。

1-5　主な規制手段

　独占禁止法は、公正かつ自由な競争を促進することという目的を達成するため、不当な取引制限（カルテルや入札談合）、私的独占、不公正な取引方法を禁止するとともに、企業結合を規制している。

　不当な取引制限は、複数の事業者が価格の引上げや生産・販売数量などについて合意することで、一定の取引分野（市場）での競争を実質的に制限すること（2条6項）であって、カルテルや入札談合と呼ばれているものがこれに当たる。価格等は、本来、市場によって自由に決定されるものであるが、不当な取引制限は、これを複数の事業者が人為的に制限するもので、通常、まさに競争を制限するために（事業者間で競争しなくていいようにするために）行われるもの（競争回避的な行為）であるから、競争に及ぼす影響が極めて大きい。このため、こうした合意をすること自体が違法である。特に、価格カルテル、数量制限カルテル、入札談合等（「ハードコア・カルテル」と呼ばれている）は、競争法を有するいずれの国でも原則として違法である（第2章2-1から2-5参照）。

　また、事業者団体による競争制限行為は8条で規制されており、どのような行為が独占禁止法に違反するかについては、事業者団体ガイドラインが公表されている（第2章2-7参照）。

　私的独占は、事業者が単独で、または他の事業者と結合・通謀して、その他の事業者の事業活動を排除したり、支配したりすること（競争制圧的な行為）で一定の取引分野（市場）での競争を実質的に制限すること（2条5項）である。事業者が排他的取引等の手段を用いて、競争相手を市場から排除したり、新規参入者を妨害して市場に入れないようにする行為は、「排除型私的独占」と呼ばれ、有力な事業者が、役員の派遣や取引上の地位の不当利用等によって、他の事業者の事業活動についての自

主的な決定をできないようにして、自己の意思に従わせる行為は、「支配型私的独占」と呼ばれている。法運用の透明性を一層確保し、事業者の予見可能性をより向上させることを目的として、排除型私的独占ガイドライン（排除型私的独占に係る独占禁止法上の指針（平成21年公取委））が公表されている（第3章参照）。

　不公正な取引方法には、独占禁止法で定められている行為（法定5類型）と独占禁止法の規定に基づき公正取引委員会が指定する行為がある。法定5類型は、共同の取引拒絶（供給に関するもの）、差別対価、不当廉売、再販売価格の拘束と優越的地位の濫用で、2条9項1号から5号に規定されている。後者は、2条9項6号のイからへのいずれかに当たる行為であって、公正な競争を阻害するおそれ（公正競争阻害性）のあるものから、公正取引委員会が不公正な取引方法に当たる行為として指定する。この指定には、すべての業種に適用される一般指定（不公正な取引方法（昭和57年公取委告示第15号））と、特定の業種のみに適用される特殊指定がある（第4章参照）。

　一般指定では、共同の取引拒絶以外のその他の取引拒絶（単独の取引拒絶等）（一般指定2項）、抱き合わせ販売等（同10項）、排他条件付取引（同11項）、拘束条件付取引（同12項）、競争者に対する取引妨害（同14項）等が不公正な取引方法として規定されている。

　特殊指定としては、新聞特殊指定（新聞業における特定の不公正な取引方法（平成11年公取委告示第9号））、物流特殊指定（特定荷主が物品の運送又は保管を委託する場合の特定の不公正な取引方法（平成16年公取委告示第1号））、大規模小売業告示（大規模小売業者による納入業者との取引における特定の不公正な取引方法（平成17年公取委告示第11号））が定められている（第4章4-1参照）。

　より具体的にどのような行為が不公正な取引方法に該当し、独占禁止法上問題となるかについては、流通・取引慣行ガイドライン（流通・取引慣行に関する独占禁止法上の指針（平成3年公取委事務局））、不当廉売ガイドライン（不当廉売に関する独占禁止法上の考え方（平成21年公取委））、優

越ガイドライン（優越的地位の濫用に関する独占禁止法上の考え方（平成22年公取委））、フランチャイズ・ガイドライン（フランチャイズ・システムに関する独占禁止法上の考え方について（平成14年公取委））、農協ガイドラインなどが公表されている。

　なお、優越的地位の濫用規制については、下請法（下請代金支払遅延等防止法（昭和31年法律第120号））が補完している[注1]。下請取引では、親事業者の一方的な都合により、下請代金が発注後に減額されたり、支払が遅延することがあるため、下請取引の公正化を図り、下請事業者の利益保護を目的として制定されたものである。下請法は、優越的地位を資本金により形式的に定め、禁止する濫用行為を具体的に定めている。親事業者が禁止行為を行っている場合、公正取引委員会は、親事業者に対し、原状回復措置等の必要な措置をとるべきことを勧告できる。親事業者が勧告に従ったときには独占禁止法の規定が適用されない。

　また、事業者が個人で働くフリーランスに業務委託を行う取引については、こうした取引の適正化等を図るため、フリーランス・事業者間取引適正化等法（特定受託事業者に係る取引の適正化等に関する法律（令和5年法律第25号））が制定されている（令和5年4月28日可決・成立、公布日である同年5月12日から1年半以内に施行）[注2]。

　企業結合規制とは、企業結合（会社の株式取得、合併、分割、共同株式移転、事業の譲受け等）によって、一定の取引分野（市場）における競争が実質的に制限されることとなる場合に、その企業結合を禁止するものである（10条、13条から18条（独禁法第4章））。一定の基準を満たす企業結合には届出義務があり、公正取引委員会は、主として、届出のあった企業結合の審査を行っているが、届出対象ではない企業結合も企業結合規制の対象であって、一定の取引分野（市場）における競争が実質的に制限されることとなる場合には禁止される。

　企業結合が独占禁止法上問題となるかどうかの審査（企業結合審査）の考え方について、企業結合ガイドライン（企業結合審査に関する独占禁止法の運用指針（平成16年公取委））が、企業結合審査の手続について、手続

対応指針（企業結合審査の手続に関する対応指針（平成 23 年公取委））が公表されている（第 6 章参照）。

　以上が、独占禁止法に基づく実際の執行において、現在、主要な規制手段となっているが、これらのほか、独占禁止法には、国際的協定・契約の禁止（6 条）、一般集中規制（9 条（事業支配力が過度に集中することとなる会社の設立等を制限）、11 条（銀行・保険会社の議決権保有を制限））、独占的状態に対する措置（2 条 7 項、8 条の 4）が規定されている。

　6 条は、事業者が不当な取引制限または不公正な取引方法に該当する事項を内容とする国際的協定または国際的契約を締結することを禁止している。一般集中規制は、商品・役務の個々の市場における具体的な競争制限に対応する企業結合規制と違って、国民経済全体における特定の企業グループへの経済力の集中等を防止するものである。独占的状態に対する措置は、一部の事業者が特に大規模であるなどの理由で、競争が有効に機能していない場合に、独占的状態であるとして競争を回復するための措置を命じるものである。

（注 1）　下請法の内容や運用実績を紹介したものとして、鎌田明編著『下請法の実務〔第 4 版〕』（公正取引協会、2017）、鎌田明編著『はじめて学ぶ下請法』（商事法務、2017）、公正取引委員会・中小企業庁「下請取引適正化推進講習会テキスト」（最新版は、公正取引委員会等のウェブサイトから入手可能）参照。

（注 2）　公正取引委員会ウェブサイト「フリーランスの取引適正化に向けた公正取引委員会の取組」参照。

●コラム●　カルテル審査と企業結合審査は違う

　不当な取引制限の疑いの審査（カルテル審査）と企業結合審査は、同じ「審査」でも、その中身は大きく異なる。

　まず、カルテルは、そもそも違法であるが、企業結合それ自体は何ら問題ではない。カルテル審査では、審査を開始するに足る被疑情報を得た上で、立入検査等の権限を用いて証拠を収集し、違反行為を立証して、排除措置命令を出す。一方、企業結合審査では、一定の条件を満たす企業結合

については、事前に届出が必要で、問題があるかどうかを調査・検討し、問題がある場合でも、当事会社は、問題解消措置をとることで排除措置命令を避けることができる。カルテル審査は、違法行為を禁止するために行われるのに対し、企業結合審査は、問題の有無を確認し、仮に問題があっても、禁止が目的ではなく、問題解消措置を促すものである。

　また、市場（一定の取引分野）の画定についても、カルテルは、特定の取引分野での競争の制限を目的や内容としているので、通常、それが対象としている取引やそれによって影響を受ける範囲を検討して画定すれば足りるが、企業結合では、通常それ自体で直ちに特定の取引分野の競争を制限するとはいえない上、特定の商品・役務を対象とした具体的な行為もないので、商品・役務の代替性などの客観的な要素に基づいて一定の取引分野を画定するのが一般的である（第2章2-3、第6章6-3参照）。これは、昨日の雨については、実際にどこに降ったかを調べればいいのに対し、明日どこに雨が降るかは、雨雲の位置、風向・風量、温度、気圧等の客観的な要素を基に予測をしなければならないということに似ているかもしれない。

　また、企業結合審査は、事前の届出を受け、企業結合を実施する前に「競争を実質的に制限することとなる」かどうかを審査するもの（事前規制）で、「こととなる」は、「企業結合により、競争の実質的制限が必然ではないが容易に現出し得る状況がもたらされることで足りるとする蓋然性を意味する」（企業結合ガイドライン）が、これは、すなわち、確かな情報に基づいて必要十分な程度の正確性を持った将来予測をするということである。これも天気予報にたとえると、たとえば、今日・明日の予報程度の確実性があれば「足りる」としても、季節予報（3か月先など）ではまったく足りない、と言えようか。

1-6　違反行為に対する措置

　独占禁止法違反行為（不当な取引制限、私的独占や不公正な取引方法等）に対しては、公正取引委員会が排除措置命令等の行政処分を行うほか、刑事罰も定められている。さらに、独占禁止法違反行為の被害者等は、

損害賠償請求や差止請求を行うことができる（第5章参照。企業結合に関する措置については、第6章6-8参照）。

　公正取引委員会が審査（調査）を行った結果、独占禁止法違反行為があると認められた場合、公正取引委員会は、違反行為の差止めなど違反行為を排除するために必要な措置を排除措置命令で命じる。たとえば、価格カルテルでは、価格引上げ等の決定の破棄、破棄したことの取引先への周知、再発防止のための対策等が命じられている。

　公正取引委員会が独占禁止法の規定に違反する事実があると考える場合に、事業者は、公正取引委員会からの違反被疑行為に係る通知を受け、その違反被疑行為を排除するために必要な措置の実施に関する排除措置計画等（確約計画）の認定の申請をし、公正取引委員会がこれを認定することで事件を解決することができる（確約手続）。ただし、入札談合、価格カルテル等のハードコア・カルテル、過去10年以内に行った違反行為と同一（繰り返し）の違反被疑行為や刑事告発相当の悪質かつ重大な違反被疑行為は、確約手続の対象ではない。

　入札談合では、公正取引委員会の審査により、いわゆる官製談合があると認められた場合には、独占禁止法に基づく排除措置命令などに加えて、入札談合等関与行為防止法（官製談合防止法）（入札談合等関与行為の排除及び防止並びに職員による入札等の公正を害すべき行為の処罰に関する法律（平成14年法律第101号））に基づいて、公正取引委員会は、国や地方公共団体等に改善措置を要求する（第2章2-6参照）。

　また、①不当な取引制限または支配型私的独占で、商品・役務の価格を制限するもの（価格カルテル等）と、供給量または購入量、市場占拠率、取引の相手方のいずれかを実質的に制限することでその対価に影響することとなるもの（生産数量カルテル、シェアカルテル、市場分割カルテル等）、②排除型私的独占、③法定5類型の不公正な取引方法（優越的地位の濫用等）については、公正取引委員会は、課徴金納付命令も行う（7条の2、7条の9、20条の2から20条の6）。事業者団体が不当な取引制限と同様の行為を行った場合にも、その構成事業者に対し課徴金納付命令が行われ

る（8条の3）。課徴金納付命令は、独占禁止法等で定められた一定の算式（不当な取引制限については、課徴金額＝（対象商品・役務の売上額または購入額＋密接関連業務の対価）×課徴金算定率＋財産上の利益（談合金等）−課徴金減免制度による減免）に従って計算された金額を国庫に納めるよう命じる。

課徴金納付命令の対象となる不当な取引制限に自ら関与した事業者は、その違反の内容を公正取引委員会に自主的に報告すれば、課徴金が減額される（課徴金減免制度）（7条の4）。減免申請順位に応じた減算率と事業者の実態解明への協力度合い（事業者が自主的に提出した証拠の価値）に応じた減算率が定められており（調査協力減算制度）、たとえば、公正取引委員会の調査開始日前1番目の減免申請者は全額免除である（課徴金納付命令が行われない）が、同2番目の減免申請者は、申請順位に応じた減額率20％に、協力度合いに応じた上限40％までの減算率が付加される（7条の5）。

排除措置命令等の法的措置を行うに足る証拠が得られなかった場合でも、独占禁止法違反の疑いがあるときは、公正取引委員会は、警告を行っている。さらに、違反行為の存在を疑うに足る証拠は得られなかったが、独占禁止法違反につながるおそれのある行為がみられた場合には、公正取引委員会は、未然防止を図る観点から注意を行っている。

不当な取引制限、私的独占などの重大な独占禁止法違反行為に対しては、犯罪行為として刑事罰が定められている（89条以下（独禁法第11章罰則））。行政処分と異なり、刑事罰では、事業者や事業者団体だけでなく、個人も対象となる。不当な取引制限、私的独占等の罪（89条から91条）については、公正取引委員会による告発があった後に、検察庁（検察官）による起訴が可能となる（96条）（公正取引委員会の専属告発）。公正取引委員会による刑事告発等については、告発方針（独占禁止法違反に対する刑事告発及び犯則事件の調査に関する公正取引委員会の方針（平成17年公取委））が公表されている。

独占禁止法違反行為によって被害を受けた者（被害者）は、違反行為者

に対して、民法709条（不法行為）に基づいて、損害賠償請求をすることができる。これに加え、私的独占、不当な取引制限、不公正な取引方法を行った事業者や8条の規定に違反する行為を行った事業者団体に対する排除措置命令等が確定した後であれば、これらの行為の被害者は、25条の規定に基づいて損害賠償請求をすることができる（25条、26条）（無過失損害賠償責任も規定されている（25条2項））。

　また、不公正な取引方法によって著しい損害を受け、または受けるおそれがある消費者、事業者等の被害者は、裁判所に対して、その行為の差止めを請求することができる（24条）（差止請求）。

第2章 不当な取引制限・事業者団体の規制

2-1 不当な取引制限とは

　通常、企業（事業者）は、お客に自らの商品・役務を選んでもらえるよう、ライバル企業の商品・役務よりもよい（品質が優れた）ものを提供し、ライバル企業より安く提供することで競争している（このような品質・価格による競争を「能率競争」[注1]という）。この競争によって我々の手元には品質のよい商品や安い商品が届くことになり、有限な資源も効率的に配分されることになる。これが市場メカニズム（競争機能）である。ライバル企業よりもよい商品を提供できなければ、また、より安く提供できなければ、商品が売れなくて、やがてその企業は市場から退出することになるだろう。しかし、その企業の市場からの退出は、何ら否定的に捉えられるものではない。たまたまその市場では自己の能力・特性を活かせなかったとしても、自己の能力・特性を新たに発揮できると思える市場にチャレンジすることができる。それこそが競争機能の果たす役割であり、これによって企業は成長し、経済も発展していく。

　ところが、ライバル同士がこの競争をやめてしまったらどうなるだろうか。たとえば、Aという商品について、企業X、Yは100円で販売できるのに対し、企業Zは120円でしか販売できない場合に、競争を避けるため、X、YとZで話し合って商品Aの価格を130円とすることである。このような企業同士の行為は、一般にカルテルと呼ばれている。このようなカルテルが行われると、本来もっと商品を安く提供できる効率的な事業者が、そうではない非効率な事業者も提供できる価格水準で商

品を供給することになり、本来市場から退出するべき事業者が存続することになる。上記の例でいえば、商品 A の品質に差がないとすれば、通常、お客は X、Y より価格の高い Z の商品 A を購入しない。このため Z は価格を 100 円に引き下げないと事業が存続できないが、値下げするほど体力がない場合、A 市場から退出することになる。また、本来、買手（消費者）は、商品 A を X、Y から 100 円で購入することができるはずなのに、X、Y と Z のカルテルによって商品 A が 130 円で販売されれば、X、Y には単純に 30 円の余分な儲けが発生し、（100 円で販売されたら、事業が存続できず、商品 A の市場からの退出を余儀なくされる）Z にも 10 円の儲けが発生し、買手（消費者）は、30 円高い買い物を強いられることになる。つまり、競争がある場合と比べて事業者に余分な利潤が発生することになる。カルテルにより、本来競争があれば、安くていい商品を手に入れることができるという形で買手（消費者）が手にするべき「利潤」が失われることになる（「130 円でも買うよ」という買手が競争価格 100 円で商品 A を買えたことにより 30 円得するという「利潤」もあれば、「130 円は高いな。100 円なら買うよ」という買手（130 円だったら、そもそも商品 A を買わなかったお客）が 100 円で商品 A を買えたという「利潤」もある。カルテルにより失われる前者の消費者の「利潤」は、そのままカルテル事業者の「利潤」となるが、後者の消費者の「利潤」は、誰の手元にも残らず、社会的な損失になってしまう。このような損失は事業者側にも生じる。カルテルにより事業者は社会的に最も望ましい供給量を生産しなくなることから、生産に回されるべき資源が投入されないという社会的な損失である）。このようなカルテルのもっとも典型的なものは、価格カルテルであるが、販売数量、販売シェアなどのカルテルもある。

　市場における競争機能を制限するカルテルは、「不当な取引制限」として 3 条で禁止されている（3 条は前段で私的独占（第 3 章参照）を禁止していることから、不当な取引制限の禁止規定は「3 条後段」と呼ばれる）。不当な取引制限は、事業者が「共同して……相互にその事業活動を拘束し」（事業者の行為についての要件であることから「行為要件」と呼ばれる）、「公共の

利益に反して」、「一定の取引分野における競争を実質的に制限すること」（市場に与える影響・効果についての要件であることから「効果要件」と呼ばれる）である（2条6項）。以下、2-1と2-2で行為要件を、2-3と2-4で効果要件を、2-5で「公共の利益に反して」を説明する。

　まず、行為要件のうちの「共同して」といえるためには、事業者の間での「意思の連絡」が必要である（「合意」と呼ばれることもある）。あくまで市場における競争機能を制限するような事業活動についての「意思の連絡」であればいいので、「意思の連絡」とか「合意」と呼ばれるものの、私法上の法律効果を発生させる売買契約のように「申込み」とそれに対する「承諾」といった当事者の「意思表示」が必要になるものではない。「意思の連絡」とは、複数の事業者の間で相互に同一または同種の内容の価格の引上げを実施することを認識または予測し、これと歩調をそろえる意思があることを意味する。一方の対価引上げを他方が単に認識、認容するだけでは足りないが、事業者相互の間で拘束しあうことを明示して合意することまでは必要ではない。相互に他の事業者の対価の引上げ行為を認識して、暗黙のうちに認容することでも足りる（東芝ケミカル差戻事件（東京高裁判決平成7年9月25日））。また、「意思の連絡」とは、事業者相互にその行動に事実上の拘束を生じさせ、市場における競争機能を制限する効果をもたらすものであることから、各事業者がそのような意思を持っていて、相互に拘束する意思が形成されていることが認められればよく、その形成過程を日時、場所等で具体的に特定することまでは必要ではない（大石組入札談合事件（東京高裁判決平成18年12月15日））。同じようにその動機・意図などが具体的に特定される必要もない（元詰種子カルテル事件（東京高裁判決平成20年4月4日））。そして、そのような「意思の連絡」の存在が認められれば、これに制約されて意思決定を行うことになるという意味において各社の事業活動が事実上拘束される結果になることから、「その事業活動を拘束し」との要件も満たすことになる（合意の実効性を担保するための制裁等がなくとも事実上の事業活動の拘束で足りる（石油価格協定刑事事件（最高裁判決昭和59年2月24日）））。「意思の

連絡」は、複数の事業者の間で相互に同じ内容の価格の引上げを実施することを認識または予測し、これと足並みをそろえるというものであるから、「共同して……相互に」の要件も充たすことになる（多摩談合事件（最高裁判決平成24年2月20日））。

　商品の流通には、最終需要者に至るまで、メーカーや卸売業者などいわゆる取引段階の異なる者が存在する。取引段階が異なる者の間の合意があったとして、「相互にその事業活動を拘束」との要件を満たすか。活性炭事件（東京地裁判決令和4年9月15日）の近畿合意に係る事件では、原告および近畿10社による、特定粒状活性炭に係る物件についての原告を介した情報交換等のやりとりを行うことにより、供給予定者を決定し、供給予定者は原告を介して供給し、供給予定者以外の者は供給予定者が供給できるように協力する旨の合意（本件近畿合意）が不当な取引制限に該当するとされた。近畿10社は、自社ブランドの活性炭を販売するいわばメーカー的な立場であり、供給予定者となり得るものであった。原告は、自社ブランドの活性炭を持たない卸売業者であった。原告は、供給予定者になることが予定されていないため、個別案件で自ら供給予定者とならないこともできない以上、近畿10社（他の供給予定者ら）の事業活動を拘束する権限はないから、本件近畿合意は「相互にその事業活動を拘束」の要件を充足しないと主張した。これに対し、東京地裁は、結論として、原告は、近畿10社との間で、特定粒状活性炭に係る物件につき、たとえば、近畿10社（供給者）とその窓口業者（受注者）の商流に入るに当たり、その条件（取引価格等）を譲歩することはできたのであるから、原告が近畿10社（他の供給予定者ら）の事業活動を拘束する余地がないとはいえず、本件近畿合意が「その事業活動を拘束し」の要件を充足しないとはいえないと判断している。

　以上のとおり、不当な取引制限の行為要件については、通常、「意思の連絡」の存在が認められれば満たされるということである。公正取引委員会の法運用でも、この「意思の連絡」の認定（証拠によってそういう事実があったと認識すること）が重要になる。

ところで、裁判で当事者の立証を必要とする事実（要証事実）を直接証明する証拠を「直接証拠」という。一方、そのような事実を直接証明するのではなく、別の事実からその存在を推定して認定（推認）することもある。この「別の事実」を「間接事実」といい、これを証明する証拠を「間接証拠」という[注2]。たとえば、「昨夜A町で雨が降った」というのが要証事実だとした場合、気象庁発表の「昨夜A町で雨が降った」というレポートは直接証拠になる。「A町に住む僕が朝起きたら道路一面が濡れていた」という事実は、間接事実になる。経験則として、朝起きて道路一面が濡れていたら、昨夜雨が降った確率が高いからである。もちろん、あくまで推認であるので、推認を覆す「特段の事情」（たとえば、「昨夜未明に複数の散水車によりA町の僕が住む地域で大規模な水撒きが行われた事実」）が認められれば、「昨夜雨が降った」との推認は覆ることになる。

不当な取引制限に当たるようなカルテルについて、事業者は、通常、外部に明らかになるような形では参加しないだろうし、証拠もできるだけ残さないようにするだろう。このため、「意思の連絡」も様々な間接事実を使ってその存在を推認していくことになる。たとえば、対価引上げがなされるに至った前後の諸事情を勘案して事業者の認識・意思がどのようなものであったかを検討し、事業者相互の間に共同の認識、認容があるのかが判断される。すなわち、ある事業者が、他の事業者との間で価格引上げに関する情報交換をし、同一かこれに準ずる行動に出たような場合には、この行動が他の事業者の行動と無関係に、（通常は対価を引き上げるとお客を奪われるから）取引市場における対価の競争に耐え得るとの独自の判断によって行われたことを示す特段の事情が認められない限り、これらの事業者の間に「意思の連絡」があるものと推認される（東芝ケミカル差戻事件（東京高裁判決平成7年9月25日））。具体的には、値上げ行為についての事前の情報交換とその後の結果の一致があり、前記の特段の事情がなければ、「意思の連絡」の存在は推認されることになる。

（注1）　今村成和『独占禁止法〔新版〕』9頁、96頁（有斐閣、1978）。
（注2）　神宮司史彦『経済法20講』217～218頁（勁草書房、2011）。

2‑2　不当な取引制限とは（入札談合について）

　官公庁が企業から物品を購入したり、企業に工事をさせたりする場合、法律の定めにより入札という手続をとる。入札とは、発注者が入札参加者を公募し、その物品を納品したい、工事を請け負いたいと考えている企業に、文字どおり「札を入れさせる」ことである。「札」には、自分ならこの価格で物品を納入できる、この価格で工事を施工できるという入札参加者のそれぞれの価格が書いてある。発注者は、札を並べてみて、一番安い価格を提示した入札参加者と契約することになる。つまり、入札も多数の入札参加者の中で一番安い札（価格）を提示した者が受注できるという点で競争である。いわゆる「入札談合」とは、たとえば、事業者の間で「今回のX工事は当社が前回受注した工事と関連があります。ぜひ当社に受注させてください。その代わり次回はあなたにお譲りします」、「分かりました」と話し合って受注予定者を決めて、受注予定者以外の者は受注予定者が受注できるよう協力する行為である。受注予定者以外の事業者がどうやって協力するかというと、一番安い価格を提示した事業者が受注するのだから、受注予定者の入札価格を教えてもらって、それよりも高い価格で入札するのである。このように入札談合とは、入札によって本来期待されている競争を事業者の間で人為的に制限する行為であり、入札という制度を否定するものであって、カルテルと同じように不当な取引制限に該当する。

　また、民間事業者における物品・役務の調達でも、調達コスト削減のため、複数の事業者に見積価格等を提示させ、最も低い見積価格を提示した者を受注者とすることがある。この場合に、見積価格等の提示を求められた事業者の間で、受注予定者を定めて、受注予定者以外の者は、

受注予定者が受注できるようにすれば、不当な取引制限に該当する。本来期待されている競争を人為的に制限する点では入札談合（官公需）と同じであるが、民間発注であるため、「受注調整」（民需）と呼ばれることがある。

　ところで、たとえば、価格カルテルの場合、カルテル参加者は、カルテルによる競争制限により同時に余分な利益を得る。ライバルである他の事業者の価格を気にすることなくカルテルによって競争価格よりも高い価格で販売できるという利益である。入札談合の場合、先ほどのＸ工事では、受注予定者は、他の事業者が自分の受注に協力してくれることが分かっているから、やはり競争価格よりも高い価格でＸ工事を受注することができる。では、Ｘ工事を受注していない受注予定者以外の談合参加者は、どういう利益を得ているのだろうか。それは、上記で述べた会話の「その代わり次回はあなたにお譲りします」、「分かりました」に現れている。つまり、次回発注の工事で談合により受注できるという利益が得られることを期待しているのである。このように入札談合が機能するためには、基本的に談合参加者との間で貸し借りの関係があることが前提になる（もっとも、談合に参加することにより得られる利益や貸し借りの関係の存在は、事業者が談合に参加する動機や談合を継続する動機にはなるものの、不当な取引制限成立の要件ではない）。ということは、特定の発注者を前提に一定の仲間との間である程度継続して談合を行うことが通常である。入札談合の場合、継続的な貸し借りの関係を背景に談合をやっていこうという合意があり、実際に発注がある都度その合意に基づいて具体的な受注予定者を決定していく行為があるのが通常である。前者を「基本合意」、後者を「個別調整」という。

　では、この場合、不当な取引制限における「意思の連絡」に当たるのは、どちらであろうか（ここでは、特定の発注者が反復継続的に行う発注を前提に談合が継続的に行われる場合の考え方を述べているもので、1回だけの発注についての談合でも不当な取引制限は成立する（東京都発注個人防護具入札談合事件（排除措置命令平成 29 年 12 月 12 日）等））。

基本合意が「各社が、話合い等によって入札における落札予定者と落札予定価格をあらかじめ決定し、落札予定者の落札に協力するという内容の取決め」であった場合、入札参加業者は、本来的には自由に入札価格を決めることができるはずのところを、このような取決めがされたときは、これに制約されて意思決定を行うことになるという意味において、各社の事業活動が事実上拘束される結果となることは明らかであるから、このような基本合意は、不当な取引制限にいう「その事業活動を拘束し」の要件を充足することになる。そして、このような基本合意の成立によって、各社の間に、上記の取決めに基づいた行動をとることを互いに認識し認容して歩調を合わせるという意思の連絡が形成されたものといえるから、基本合意は、「共同して……相互に」の要件も充足することになる（多摩談合事件（最高裁判決平成24年2月20日））。すなわち、個別調整ではなく、個別調整を行う前提として存在する当事者間の基本合意によって入札参加事業者の事業活動が事実上拘束されることになるから、基本合意が違反行為（「意思の連絡」）として認定されることになる。基本合意そのものが特定の発注者が継続的に発注する入札市場の競争機能を制限するからである。

　では、この場合における個別調整は、不当な取引制限においてどのように位置づけられるのだろうか。

　この点、個別調整は、基本合意が存在し、その基本合意のもとに受注予定者を決定し、受注予定者が受注できるようにしていた事実を推認することができる間接事実となる（ごみ焼却炉談合事件（東京高裁判決平成20年9月26日））。したがって、不当な取引制限に当たるというためには、公正取引委員会は、基本合意の下に受注予定者を決定し受注予定者が受注できるようにしていたことを主張・立証すれば足りる。そのために個別の物件の受注調整についても主張・立証することがあるものの、すべての個別物件について逐一具体的に受注調整を主張・立証することは必要ではない（公用車管理業務談合事件（審判審決（課徴金の納付を命じる審決）平成22年12月14日））。実際、入札談合が古くから行われていればい

るほど、当初の取決めそのものを立証するための直接証拠の収集は困難と思われる。そのような場合、今も続いている個別調整を間接事実として、それを積み上げることにより、基本合意の存在を推認することになるだろう。

ただし、基本合意そのものが違反行為だとしても、「当該商品又は役務」の売上げを前提に課徴金額を計算する課徴金納付命令（第5章5-4、5-5参照）においては、受注の存在（課徴金額算定の前提となる「当該商品又は役務」の売上額の存在）が必要となる（賀数建設事件（東京高裁判決平成20年9月12日））。

なお、事業者の「意思の連絡」そのものだけでは、個々の事業者の具体的な価格などが定まらないのは、入札談合だけに限られない。価格カルテルでも、事業者間で基準となる価格を定め、各社その基準となる価格に基づいて自らの販売価格を決めるとの合意が存在した場合、この合意だけでは、直ちに各社の具体的な価格が決まるわけではないが、本来、公正かつ自由な競争により決定されるべき販売価格を、事業者間で決定した基準となる価格に基づいて定めると合意すること自体が競争を制限する行為になる（元詰種子カルテル事件（東京高裁判決平成20年4月4日））。

2-3 一定の取引分野

不当な取引制限が成立するためには、2-1で述べた「意思の連絡」（行為要件）に加え、効果要件（「一定の取引分野における競争を実質的に制限すること」）を満たす必要がある。「一定の取引分野」とは、一般的には「市場」のことであり、問題とされる行為が競争の実質的制限をもたらすかどうかの前提をなす概念である。「競争を実質的に制限する」とは、2-4で詳述するが、その取引に係る市場が有する競争機能を損なうことである（多摩談合事件（最高裁判決平成24年2月20日））。「一定の取引分野」とは、まさに問題とされる行為により競争機能が損なわれる範囲はどこま

でかを画する概念である。

　「市場」とは、需要者と供給者によって取引がなされる場であり、そこで需要者をめぐって供給者の間で競争が行われる（供給者をめぐる需要者間の競争もある）。需要者とは、「ある商品・役務」を欲しい者（その「ある商品・役務」によって満足を得る者）たちであり、供給者とは、そのような需要者に対してその「ある商品・役務」を供給する者たちである。したがって、市場は、商品ごと（すなわち、その商品の需要者ごと）に成立する。たとえば、パンと牛乳があれば、「パンの市場」と「牛乳の市場」が成立する（パンと牛乳では得られる満足が違う。これを「パンと牛乳には需要者にとっての十分な代替性がない」という。競争は需要者にとっての十分な代替性があるから発生するのであり、2つの商品に需要者にとっての十分な代替性がなければ市場は2つの商品ごとに成立する）。また、市場とは、需要者の範囲によって何層にも重なって成立する。たとえば、「アルコール飲料」を利用する需要者には、「アルコール飲料の市場」が存在する。「ビール」を利用する需要者には「ビールの市場」と同時に「アルコール飲料の市場」が成立する。「ワイン」を利用する需要者には「ワインの市場」と同時に「アルコール飲料の市場」が成立する。いざ不当な取引制限として問題となるような行為が発生した場合に、需要者ごとに成立する市場、さらには重層的に成立する市場を前提として、どの範囲の市場にその行為による競争制限が及ぶのかを検討して決定（実務上「画定」と呼ばれている）することになる。この検討によって画定される市場が「一定の取引分野」である。

　　具体的にどのように検討されるかというと、「一定の取引分野」の成立する範囲は、具体的な行為や取引の対象・地域・態様等に応じて相対的に決定される（石灰石供給制限事件（東京高裁判決昭和61年6月13日））。より詳細には、取引の対象・地域・態様等に応じて、違反者のした共同行為が対象としている取引とそれにより影響を受ける範囲を検討し、その競争が実質的に制限される範囲を画定して「一定の取引分野」が決定される（シール談合刑事事件（東京高裁判決平成5年12月14日））。

しかし、「問題となる共同行為によって競争の実質的制限がもたらされる範囲をもって一定の取引分野と画定するということは、あたかも「共同行為が対象としている取引」=「競争が実質的に制限される範囲」であって、それが「一定の取引分野」だというに等しく、結論を先取りした議論ではないか。本来「一定の取引分野」の画定は、その市場において競争が実質的に制限されているか否かを判定するための前提として行われるものであるから、論理が逆ではないか」との疑問がわくかもしれない^(注)。独占禁止法では、一定の取引分野における競争を実質的に制限することとなる株式保有や合併などの企業結合も禁止している（第6章参照）が、企業結合規制の場合には、まず「一定の取引分野」を画定してから「競争を実質的に制限することとなる」か否かの検討に進むことになる。両者の違いは何なのだろうか。

　「一定の取引分野」は、不当な取引制限と企業結合の双方の規定で用いられていて、後者が将来の時点での競争制限を問題にする点で異なっているだけであるから、両者で最終的に認定される一定の取引分野は原則として同一のものになるはずであるとの原告の主張に対して、次のような判断を示した判決がある。

　不当な取引制限で一定の取引分野を画定するのは、そこでの競争が共同行為によって実質的に制限されているかどうかを判断するためである。不当な取引制限における共同行為は、特定の取引分野における競争の実質的制限をもたらすことを目的および内容としているのであるから、通常の場合、その共同行為が対象としている取引とそれにより影響を受ける範囲を検討して、一定の取引分野を画定すれば足りる。一方、企業結合規制においては、企業結合が通常それ自体で直ちに特定の取引分野における競争を実質的に制限するとはいえない上、特定の商品または役務を対象とした具体的な行為があるわけではないから、企業結合による市場への影響等を検討する際には、商品または役務の代替性等の客観的な要素に基づいて一定の取引分野を画定するのが一般的となっている。これに照らすと、不当な取引制限と企業結合とでは性質上の違いがあるこ

とは明らかで、両者で認定される一定の取引分野が原則として同一のものになるはずであるとの原告の主張は前提を欠く（ブラウン管カルテル事件（サムスンSDI（マレーシア））（東京高裁判決平成28年1月29日））。

　不当な取引制限と企業結合には、以上のような性質の違いがあるので、一定の取引分野は、それぞれにふさわしい方法で画定すれば足りるということである。

（注）　多摩談合事件最高裁判決の調査官解説（古田孝夫「判解」法曹時報66巻11号317頁（2014））参照。

2－4　競争の実質的制限

「競争を実質的に制限する」とは、その市場が有する競争機能を損なうことであり、特定の事業者または事業者集団がその意思でその市場における価格、品質、数量、その他各般の条件をある程度自由に左右することができる状態をもたらすこと（多摩談合事件（最高裁判決平成24年2月20日）、東宝・新東宝事件（東京高裁判決昭和28年12月7日））、すなわち市場支配力の形成、維持ないし強化という結果が生じること（NTT東日本事件（最高裁判決平成22年12月17日））をいう（これらを全体として判示するものとして、マイナミ空港サービス事件（東京高裁判決令和5年1月25日））。すなわち、一定の取引分野における競争を完全に排除し、価格等を完全に支配することまで必要なく、一定の取引分野における競争自体を減少させ、特定の事業者または事業者集団がその意思で、ある程度自由に、価格、品質、数量、その他各般の条件を左右することによって、市場を支配することができる状態をもたらすことで足り、このような趣旨における市場支配的状態を形成・維持・強化することをいう（モディファイヤーカルテル事件（東京高裁判決平成22年12月10日））。

　あくまで市場が本来有する競争機能を損なうこと自体が「競争の実質的制限」であることから、実際にどれだけ値上げが実現できているか、

あるいはどれだけカルテルによる利得を得ているかといった事情は、競争の実質的制限を満たしているか否かの判断には関係しない。たとえば、「これまでの価格より10％価格を引き上げる」とのカルテルで、ある取引先との間で妥結した価格がこれまでの価格より8％しか引き上がっていなかったとしても、やはり、カルテルによりその市場が本来有する「競争機能」そのものが損なわれているのだから、「競争の実質的制限」となる。

　不当な取引制限の成立のためには、行為要件によって「一定の取引分野における競争を実質的に制限する」ことという効果要件を満たすことが必要である。通常は、実効性のある合意が存在すれば、競争の実質的制限は推認される^(注)ことになり、本来、公正かつ自由な競争により決定されるべき価格について合意をすること自体、競争を制限する行為にほかならない（元詰種子カルテル事件（東京高裁判決平成20年4月4日））。この点は、合意の存在そのものについても同様であり、取引先との関係で販売価格引上げが実施できるかどうかは、取引先との力関係や取引上の信頼関係に左右されるため、必ずしも合意のとおりに価格引上げが行われるとは限らないが、合意どおりの価格引上げが行われなければ合意が存在しなかったということには必ずしもならない（モディファイヤーカルテル事件（東京高裁判決平成22年12月10日））。合意後の販売価格引上げの実施状況は、合意を立証する上で、合意が存在していたことを推認させる間接事実とはなり得るが、それがなくても合意を認定することはできる（要件ではない）。入札談合で「不当な取引制限」が成立・完成するためには必ずしも個別調整が行われることまでは必要なく（2-2参照）、あらかじめ受注予定者を定め、受注予定者が受注できるように協力するといった基本合意そのものが違反となることと同じである。

　この点は、違反の成立時期にもかかわるものである。競争制限を内容とするカルテル合意の成立が認められれば、カルテル合意の内容が実施に移されたり実施時期が到来したりしていなくても、カルテル合意が認められた時点で不当な取引制限は成立する（石油価格協定刑事事件（最高

裁判決昭和 59 年 2 月 24 日))。

(注) 根岸哲編『注釈独占禁止法』90 頁（有斐閣、2009）〔稗貫俊文〕。

2 - 5　公共の利益に反して

　不当な取引制限の成立のためには、カルテル等の合意が「公共の利益
に反して」一定の取引分野における競争を実質的に制限している必要が
ある。「公共の利益に反して」とは、原則として独占禁止法の直接の保護
法益である自由競争経済秩序に反することである。その上で、独占禁止
法の究極の目的である「一般消費者の利益を確保するとともに、国民経
済の民主的で健全な発達を促進する」ことに実質的に反しないと認めら
れるような例外的な場合に限り、「公共の利益」に反しないとされる余地
がある（石油価格協定刑事事件（最高裁判決昭和 59 年 2 月 24 日））。したがっ
て、一定の取引分野における競争を実質的に制限するようなカルテル等
は、自由競争経済秩序に反するものであることから、通常は「公共の利
益に反して」の要件を満たすことになる。

　実際にも、審判や裁判で、赤字回避等の経営上の必要性や中小企業保
護の目的・必要性から行われたこと、国防や災害救助等の目的・利益の
ためや国家的プロジェクト達成のため行われたこと、行政指導に従った
行為であること等を理由に、「公共の利益」に反しないことが主張された
事例は少なくない。しかし、「公共の利益」に反しないとして不当な取引
制限の成立が否定された例はない[注1]。

　不当な取引制限に該当する価格カルテルや入札談合は、原則として、
それ自体で公共の利益に反するというべきものであるから、独占禁止法
の趣旨・目的に照らせば、同法違反行為に該当する行為でありながら、
（たとえば、国家的プロジェクト達成のため行われたから）公共の利益に反し
ないとなるためには、単に、その違反行為によって国家的プロジェクト
が推進されたというだけでは足りず、その国家プロジェクトの達成に

よって確保される一般消費者の利益の内容、そのプロジェクトの達成によって促進される国民経済の民主的で健全な発達の内容、その国家プロジェクト達成のためにその違反行為を行う以外に他に採るべき手段がなかったか否か、その違反行為の違反の程度はどのようなものか、などについて慎重な検討を経た上で、その合意が正当化事由を有すること（行為が違反の構成要件に形式上該当しても、一定の事由が備われば、それが正当化されることになる場合、その一定の事由について「正当化事由」と呼ばれることがある^(注2)）と公共の利益に反しないことを違反行為の存在を争う事業者の側で、説得的な反論と反証をすることが必要である（郵便区分機課徴金事件（審判審決（課徴金の納付を命ずる審決）平成22年10月25日））。

　不当な取引制限に当たる事実を立証する責任は、公正取引委員会側にある。しかし、「公共の利益に反して」とは原則として独占禁止法の直接の保護法益である自由競争経済秩序に反することであるから、不当な取引制限の存在を立証すれば、「公共の利益に反して」を基礎付ける事実も立証したことになる。これ以上に、法目的に「実質的に反しないと認められるような例外的な場合」が存在しないことを公正取引委員会側が最初から主張立証する責任はないということである。

（注1）　山﨑恒・幕田英雄監修『論点解説 実務独占禁止法』105頁（商事法務、2017）〔大胡勝〕。
（注2）　前掲（注1）97頁〔大胡〕参照。

2-6　いわゆる官製談合

　独占禁止法は、事業者または事業者団体による競争制限・阻害行為を禁止している。入札談合では、発注者がどの事業者を受注者にしたいと考えているか（受注者の意向）を事業者側に示したり、発注者の職員が本来公開されていない予定価格を事業者側に漏洩したりするなど発注者が事業者の入札談合に関与する場合がある。このような場合に、事業者側

から、不当な取引制限成立の前提となる競争が存在しなかった、事業者間の意思の連絡が存在しなかったといった主張がされることがある。しかし、国の各省庁が売買や請負等の契約を締結する場合には、会計法上、原則として、競争に付さなければならないが、その方法として競争入札の方法を選んだ以上、これにより競争市場が形成されるとともに、これを阻害する行為を行うことは、これに応札する事業者はもとより、発注者である国においても許されず、仮に、発注者である国がそのような行為等を行ったとしても、事業者がこれに応ずる義務はないので、これによって法による保護の対象となる一定の取引分野における競争が消滅するものではない（ジェット燃料談合事件（東京高裁判決平成21年4月24日））。合意内容が発注者からの情報提供を前提とするものであったとして、そのような合意がなくなるものでもない（郵便区分機談合審決取消請求事件（差戻審）（東京高裁判決平成20年12月19日））。この点は、事業者または事業者団体の行為が行政機関の行政指導により誘発されたものであっても、独占禁止法の適用が妨げられるものではないのと同様である（行政指導ガイドライン（行政指導に関する独占禁止法上の考え方（平成6年公取委））、第8章8-2参照）。

　このように発注者側（官側）が事業者の入札談合に関与することを「官製談合」という。平成12年6月に公正取引委員会が勧告審決を行った北海道上川支庁発注の農業土木工事等談合事件で、発注者側が受注業者に関する意向を提示していた等の事実が認められたため、公正取引委員会は北海道に対して改善要請を行った。その後、国・地方公共団体等の職員が入札談合に関与する官製談合に対する社会的批判が高まった。入札談合で発注機関の職員による関与があった場合、独占禁止法では、その入札談合を行った事業者に対する処分は可能であるが、発注機関側に対して法的措置を講じることはできず、事業者側に不公平感があった。そこで、官製談合が発生していた状況を踏まえ、発注機関に対して組織的な対応を求め、その再発を防止するために、入札談合等関与行為防止法（入札談合等関与行為の排除及び防止に関する法律（平成14年法律第101号））

が制定され、平成15年1月6日から施行されている。その後、平成18年12月に職員による入札等の妨害の罪の創設等を内容とする改正が行われ、法律名も「入札談合等関与行為の排除及び防止並びに職員による入札等の公正を害すべき行為の処罰に関する法律」と改められた（平成19年3月14日施行）^(注1)。

入札談合等関与行為防止法が対象とする発注機関は、国、地方公共団体、国または地方公共団体が資本金の2分の1以上出資している法人などの特定法人である（入札談合等関与行為防止法2条1項〜3項）。同法に規定する入札談合等関与行為（同条5項）とは、たとえば、事業者ごとの年間受注目標額を提示し、事業者にその目標を達成するよう調整を指示すること（談合の明示的な指示）、受注者を指名または受注を希望する事業者名を教示すること（発注に関する意向表明）、本来公開していない予定価格を漏えいすること（発注に係る秘密漏洩）などである。同法に規定する行政上の措置として、公正取引委員会は、入札談合等の事件の調査の結果、入札談合等関与行為が認められた場合、各省各庁の長等に対し、入札談合等関与行為を排除するために必要な入札および契約に関する事務に係る改善措置を講ずべきことを求めることができる（改善措置要求）（同法3条）。

入札談合等関与行為防止法に基づく初めての改善措置要求は、平成15年1月30日の岩見沢市長に対するものである。この事件では、岩見沢市の職員が、同市が発注する建設工事について、反復継続して、落札予定者を選定し、落札予定者の名称と工事の設計金額等を業界団体の役員等に教示するなどしていた。直近では、令和元年7月11日の東京都知事に対する改善措置要求がある。この事件で独占禁止法（不当な取引制限）違反とされた事業者の行為は、東京都が希望制指名競争見積り合わせの方法により発注する東村山浄水場等の浄水場の浄水処理過程で発生する沈殿物を脱水処理する機械の運転管理等の作業についての受注調整である。本件では、東京都の職員が違反行為期間中に発注された前記作業について、特定の事業者の従業者に対し、非公表の東京都が予定価格として設

定する契約項目ごとの単価に関する情報を教示していた[注2]。

(注1) 「入札談合の防止に向けて〜独占禁止法と入札談合等関与行為防止法〜」
（公取委ウェブサイト https://www.jftc.go.jp/dk/kansei/text.html）。
(注2) そのほかの事例については、前掲（注1）の資料参照。

2-7 事業者団体の規制

　事業者の結合体である事業者団体（第1章1-3参照）によって、構成事業者の事業活動が拘束されて、構成事業者が供給する商品・役務市場の競争に影響を及ぼす場合がある。このため、8条で、次のとおり、5つの事業者団体の行為を規制している[注]。

　なお、事業者団体が事業活動をしている場合には、その側面においては事業者になり、その事業活動に関して独占禁止法上問題となる行為があれば、事業者として規制される。

　① 8条1号

　事業者団体が一定の取引分野における競争を実質的に制限する行為を禁止している。事業者団体による私的独占、不当な取引制限に相当する行為である。私的独占、不当な取引制限と異なり、行為の内容について規定されていない（行為要件に相当するものがない）が、事業者団体が、構成事業者が供給し、または供給を受ける商品・役務に関して、価格の決定や数量の制限を行うこと、構成事業者の顧客・販路や供給のための設備等について制限すること、あるいは新規事業者の参入規制等を行うことなどによって、一定の取引分野における競争を実質的に制限する場合が該当する。

　② 8条2号

　事業者団体が6条に規定する国際的協定または国際的契約（不当な取引制限または不公正な取引方法に該当する事項を内容とするもの）をすることを禁止している。

③ 8条3号

事業者団体が一定の事業分野における現在または将来の事業者の数を制限することを禁止している。事業者団体の構成員でなければその事業に参入等することが不可能または著しく困難であるという状況にまで至らなくても、その事業者団体に加入しなければ参入等をすることが一般に困難な状況があれば、その事業者団体への事業者の入会を制限することが、参入等を事実上抑制する効果を有し、これに該当する（神奈川県LPガス協会事件（東京高裁判決令和3年1月21日）、観音寺市三豊郡医師会事件（東京高裁判決平成13年2月16日））。8条1号と異なり、「一定の取引分野」ではなく、また、「競争の実質的制限」ではないことから、一定の取引分野における競争の実質的制限に至らなくとも、競争政策上看過することができない影響を競争に及ぼすこととなる場合を対象としている（前掲東京高裁判決）。仮に事業者の数の制限によって一定の取引分野における競争が実質的に制限される場合には、8条1号が適用される。

④ 8条4号

事業者団体が構成事業者の機能または活動を不当に制限する行為を禁止している。「不当に」とは、公正かつ自由な競争を阻害することである。8条1号と異なり、「一定の取引分野における競争の実質的制限」とは規定されておらず、たとえば、直ちに価格競争を制限するとまでは認められない構成事業者の広告宣伝活動の制限や、価格に関する制限ではあるが「一定の取引分野における競争の実質的制限」にまでは至っていないものは、これに該当する。

⑤ 8条5号

事業者団体が事業者に不公正な取引方法に該当する行為をさせるようにすることを禁止している。事業者団体が事業者（構成事業者以外の事業者も含む）に、取引拒絶、差別的扱い、排他条件付取引、競争者に対する取引妨害等の不公正な取引方法（第4章参照）に該当する行為をさせるように強制し、または働きかけることが該当する。

事業者団体の行為という場合、団体としての決定が必要となるが、そ

の決定を行った機関は、団体としての定款や寄付行為上の正式な意思決定機関である必要はない。事業者団体の何らかの機関で決定がされた場合に、その決定が構成員により実質的に団体の決定として遵守すべきものとして認識されていたときは、定款や寄付行為上その機関が団体の正式意思決定機関であるか否かにかかわりなく、その決定を団体の決定というのに妨げはない（大阪バス協会事件（審判審決平成7年7月10日））。不当な取引制限における「拘束」が事実上のものであれば足りるのと同様に、事業者団体の決定も、事実上のものでも足りるということである。

　ところで、カルテルが事業者の行為とも、事業者団体による行為とも認定され得る場合には、3条と8条のどちらが適用されるのであろうか。

　事業者団体に8条違反の行為があり、事業者にも3条違反の行為があるものと認定し得る場合に事業者団体にしか行政処分を課することができないと解すべき独占禁止法上の根拠は見当たらない（元詰種子カルテル事件（東京高裁判決平成20年4月4日））。独占禁止法によって、競争制限行為を排除し、公正かつ自由な競争秩序を維持するためには、事案に応じて、適切な法適用を選択することが必要である。刑事事件ではあるが、不当な取引制限行為が事業者団体によって行われた場合であっても、これが同時にその事業者団体を構成する事業者等によりその業務に関して行われたと観念し得るときは、その行為を行ったことの刑責を事業者団体のほか各事業者に対して問うことも許され、そのいずれに対し刑責を問うかは、公取委ないし検察官の合理的裁量に委ねられていると解すべきとする判決がある（石油価格協定刑事事件（最高裁判決昭和59年2月24日））。

　　(注)　事業者団体のどのような活動が独占禁止法上問題となるか等についての考え方を明らかにしたものとして、「事業者団体の活動に関する独占禁止法上の指針」（平成7年公取委）がある。

第3章 私的独占

第3章　私的独占

3-1　私的独占とは

　独占禁止法は、その名称から、市場の独占それ自体を禁止する法律であるかのように受け取られるかもしれないが、そうではない。事業者が、良質・廉価な商品や役務を提供する競争の結果として、1つの事業者が独占的な地位を占めたとしても、独占した状態それ自体が独占禁止法違反とされることはない。独占禁止法制定時の提案理由説明でも、「公正かつ自由な競争が効果的に行われる結果、優秀な事業者が自然に競争に打ち勝って大きくなっていくことは公共の利益に合致し、この法律の望むところである」との見解が示されている(注)。

　独占禁止法が禁止する私的独占とは、事業者が、単独にであっても、または他の事業者と結合、通謀、その他いかなる方法であっても、他の事業者の事業活動を排除したり、支配したりすることによって、公共の利益に反して、一定の取引分野における競争を実質的に制限すること（2条5項）であり、あくまでも行為に着目した規制である。

　したがって、私的独占規制は、「独占」という文言にはとらわれず、法文上の文言に沿って理解する必要がある。

　まず、私的独占は、単独の事業者が行う場合だけでなく、結合、通謀等によって複数の事業者が行う場合も想定されている。

　ぱちんこ機製造特許プール事件（勧告審決平成9年8月6日）では、11の事業者が、新規参入を企図する事業者に対し、特許権の実施を許諾しないことなどを会合等を通じて決定（通謀）し、この決定を共同して実施

することによって新規参入を排除していた。

　次に、「排除」または「支配」の対象となる「他の事業者」については、行為者と直接に競争関係がない事業者や、行為者との間に直接の取引関係のない事業者も該当し得る。既に事業を行っている事業者のほか、新規に参入しようとする潜在的な事業者も含まれる。

　他の事業者の事業活動の「排除」または「支配」の具体的方法・手段については、法文上、何ら限定がない。しかしながら、事業者が自らの効率性を高めた結果、より低い価格を設定できるようになり、このため他の事業者が排除されたとしても、独占禁止法の趣旨・目的に反するものではない。

　このため、私的独占として規制される行為とは、どのようなものか、その判断基準が問題となる。NTT東日本事件（最高裁判決平成22年12月17日）では、「独禁法は、公正かつ自由な競争を促進し、事業者の創意を発揮させて事業活動を盛んにすることなどによって、一般消費者の利益を確保するとともに、国民経済の民主的で健全な発達を促進することを目的（1条）とし、事業者の競争的行為を制限する人為的制約の除去と事業者の自由な活動の保障を旨とする」という目的を踏まえ、私的独占であるか否かを判断する1つの基準として、「自らの市場支配力の形成、維持ないし強化という観点からみて正常な競争手段の範囲を逸脱するような人為性を有するもの」であるか否かを挙げている。すなわち、私的独占として問題となる行為は、品質や価格による競争を逸脱するような人為性を有するものである。

（注）　昭和22年3月28日第92回帝国議会衆議院本会議における高瀬荘太郎国務大臣（経済安定本部長官）による提案理由説明。

3-2 排除行為

3-1のとおり、通常の事業活動の結果として他の事業者の事業活動が排除されるに至った行為と、私的独占の規制対象となる「排除」（排除行為）を区分することは、必ずしも容易ではない場合がある。

排除行為について、NTT東日本事件（最高裁判決平成22年12月17日）や日本音楽著作権協会（JASRAC）事件（最高裁判決平成27年4月28日）によれば、自らの市場支配力の形成、維持ないし強化という観点からみて正常な競争手段の範囲を逸脱するような人為性を有するものであり、競争事業者の市場への参入を著しく困難にするなどの効果を持つものといえるか否かによって決すべきものである。「排除」の立証は、そのような効果を有するものである事実が認められれば足りる。したがって、マイナミ空港サービス事件（東京高裁判決令和5年1月25日）によれば、仮に、違反行為がなければ需要者は他の事業者と取引したであろうことや、違反行為がとりやめられた後に需要者が他の事業者と取引を開始した事実までは必要とされない。

また、排除型私的独占ガイドライン（排除型私的独占に係る独占禁止法上の指針（平成21年公取委））では、排除行為についての基本的考え方が以下のように示されている（排除型私的独占ガイドライン第2の1(1)）。

ア　排除行為とは、他の事業者の事業活動の継続や、新規参入者の事業開始を困難にさせる様々な行為をいうが、他の事業者の事業活動が市場から完全に駆逐されたり、新規参入が完全に阻止されたりする結果が現実に発生していることまでが必要とされるわけではない。

イ　主観的要素としての排除する意図は、排除行為に該当するための不可欠な要件ではないものの、問題となる行為が排除行為であることを推認させる重要な事実となり得る。また、排除の意図の下に行われる複数の行為については、これらの行為をまとめて、排除の意図を実現するための一体的な行為と認定し得る場合がある。

ウ　排除行為には、行為者が他の行為者に対して直接行うものだけでなく、取引先を通じて間接的に行うものも含まれる。

その上で、排除型私的独占ガイドラインでは、排除行為に該当する典型的な行為として、「商品を供給しなければ発生しない費用を下回る対価設定」、「排他的取引」、「抱き合わせ」と「供給拒絶・差別的取扱い」の４つを挙げている。

①　商品を供給しなければ発生しない費用を下回る対価設定（排除型私的独占ガイドライン第２の２）

企業努力による低価格販売は、競争の中核をなすものであるため、独占禁止法による規制は最小限にとどめられるべきであるが、「商品を供給しなければ発生しない費用」を下回る対価を設定することは、その商品の供給が増大するにつれ損失が拡大することから、特段の事情がない限り、経済合理性がない行為である。

したがって、そのような対価を設定することは、企業努力や正常な競争過程を反映したものではなく、競争上、同じ水準での対価の設定を迫られる自らと同等またはそれ以上に効率的な競争者の事業活動をも困難にさせる場合には、排除行為に該当する。

どのような費用が「商品を供給しなければ発生しない費用」となるかについては、商品の供給量の変化に応じて増減する費用（例：変動費）であるか否か、商品の供給と密接な関連性を有する費用項目（例：製造原価、仕入原価）であるか否かという観点から判断される。

自らと同等またはそれ以上に効率的な事業者の事業活動を困難にさせるか否かを判断するに当たっては、商品の市場全体の状況（商品の特性、規模の経済、商品差別化の程度、市場の動向等）、行為者と競争者の市場における地位、行為の期間と商品の取引額・数量、行為の態様（行為者の意図・目的、廉売に係る行為者の評判等）が総合的に考慮される。

②　排他的取引（排除型私的独占ガイドライン第２の３）

事業者が取引の相手方に対して、自己の競争者との取引を禁止または制限すること自体が直ちに独占禁止法の問題となるものではないが、他

に代わり得る取引先を容易に見いだすことができない競争者の事業活動を困難にさせる場合には、その行為は排除行為となる。

　他に代わり得る取引先を容易に見いだすことができない競争者の事業活動を困難にさせるか否かを判断するに当たっては、商品の市場全体の状況（市場集中度、商品の特性、規模の経済、商品差別化の程度、流通経路等）、行為者と競争者の市場における地位、行為の期間と相手方の数・シェア、行為の態様（取引の条件の内容、行為者の意図・目的等）が総合的に考慮される。

　エム・ディ・エス・ノーディオン社事件（勧告審決平成 10 年 9 月 3 日）では、放射性医薬品の原料であるモリブデン 99 の世界における生産数量の過半、販売数量の大部分を占めるエム・ディ・エス・ノーディオン社が、日本においてモリブデン 99 を購入する全事業者に対して、10 年間にわたり、モリブデン 99 の全量を自社から購入しなければならない契約を締結していた。これにより、他のモリブデン 99 の製造販売業者が日本におけるモリブデン 99 の購入事業者と取引することができないようしており、排除行為に該当するとされた。

　自己とのみ取引すること（または自己の競争者と取引しないこと）を明示的な契約とする場合だけを規制するのではなく、自己の競争者と取引した場合に、供給停止や経済上の不利益を課したり（ニプロ事件（審判審決平成 18 年 6 月 5 日））、自己とのみ取引する場合に経済上の利益（リベート等）を供与するなどの手段によって、事実上、自己の競争者と取引しないようさせている場合も、排他的取引に当たる。

　リベートの供与は、本来、販売促進や仕切価格の修正などの目的で用いられる実質的な値引きであり、競争促進的な効果を有するが、自己の商品を取り扱う割合等を条件として供与されるリベートにおいて、供与する基準が著しく高く設定される場合や、一定期間における取引数量等に応じて累進的に供与水準が設定されるリベートにおいて累進度が高い場合などには、競争品の取扱いを制限する効果を有する。

　インテル事件（勧告審決平成 17 年 4 月 13 日）では、パソコン向け CPU

の製造販売分野において約89％のシェアを占めるインテル・ジャパンが、日本国内において競争者製のCPUのシェアが増加している状況を受け、顧客である日本の大手パソコン製造販売業者5社に対し、ⅰ）パソコンに搭載するインテル製CPUの割合を100％とし、競争者製CPUを採用しないこと、ⅱ）インテル製CPUの割合を90％とし、競争者製CPUの割合を10％に抑えること、ⅲ）生産数量の比較的多い複数の商品群に属するすべてのパソコンに搭載するCPUについて競争者製CPUを採用しないこと、のいずれかを条件として、リベート等を提供することを約束していた。

　これらの行為は、競争者との取引を一定割合以下に抑えることを条件とすることにより、競争者製CPUを採用しないようにさせたものであり、排除行為に該当するとされた。

　③　抱き合わせ（排除型私的独占ガイドライン第2の4）

　ある商品（主たる商品）の供給に併せて他の商品（従たる商品）を購入させる行為である抱き合わせは、従たる商品の市場において、他に代わり得る取引先を容易に見いだすことができない競争者の事業活動を困難にさせる場合に排除行為となる。

　抱き合わせに当たるかどうかは、それぞれの商品について、需要者が異なるか、内容・機能が異なるか、需要者が単品で購入することができるか等の点から判断される。

　従たる商品の市場において、他に代わり得る取引先を容易に見いだすことができない競争者の事業活動を困難にさせるか否かを判断するに当たっては、主たる商品と従たる商品の市場全体の状況（両市場の集中度、商品の特性、規模の経済、商品差別化の程度、流通経路等）、主たる商品市場における行為者の地位、従たる商品市場における競争者の地位、行為の期間と抱き合わせの対象となる取引の相手方の数・取引数量、行為の態様（抱き合わせの条件・強制の程度、行為者の意図・目的等）が総合的に考慮される。

[図表 3 - 2 - 1]　NTT 東日本事件

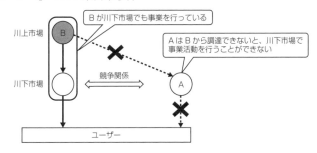

④　供給拒絶・差別的取扱い（排除型私的独占ガイドライン第2の5）

　事業者が、どの事業者と、どのような条件で取引するかは、基本的には、その事業者の自由である。しかし、事業者Aがその事業活動を行うために必要な商品を供給する市場（川上市場。これに対して、事業者Aが事業活動を行っている市場を川下市場という）で事業活動を行っている事業者Bが、合理的な範囲を超えて、事業者Aへの供給を拒絶したり、供給数量やその内容を制限したり、差別的な取扱いをすることは、事業者Aがその川上市場で事業者Bに代わり得る他の供給者を容易に見いだすことができず、事業者Aの川下市場での事業活動を困難にさせる場合には、例外的に、排除行為となる。

　「事業活動を行うために必要」か否かについては、その商品が他の商品では代替できない必須の商品であって、自ら投資、技術開発等を行うことによって同種の商品を新たに製造することが現実的に困難と認められるものであるかどうかとの観点から判断される。

　「合理的な範囲を超えて」いるか否かについては、取引の内容や実績、地域における需給関係等の相違が考慮され、たとえば、特定の相手方に対してのみ、価格等の取引条件に不合理な差別がある場合には，合理的な範囲を超えていると認められる。

　事業者Aの川下市場における事業活動を困難にさせるかどうかを判断するに当たっては、川上市場と川下市場の全体の状況（両市場における

集中度、商品の特性、規模の経済、商品差別化の程度、流通経路等）、川上市場における行為者と競争者の地位、川下市場における供給先事業者の地位、行為の期間、行為の態様（川上市場における商品の価格、供給先事業者との取引条件・内容、行為者の意図・目的等）が総合的に考慮される。

NTT 東日本事件（最高裁判決平成 22 年 12 月 17 日）では、NTT 東日本（光ファイバネットワークを保有し、戸建て住宅向け FTTH サービスを提供していた）の競争者が、ユーザーに FTTH サービスを提供するに際しては、NTT 東日本が有する光ファイバネットワークに接続する必要があった（NTT 東日本のネットワーク以外の代替的な接続先が存在しなかった）。NTT 東日本は FTTH サービス市場において競争者に先行していた上、光ファイバネットワークを自ら使用していたため、競争者との間にはその市場における地位と競争条件において相当の格差が存在した。

こうした状況の下、NTT 東日本は、競争者に対し、その接続料金を、自らがそのネットワークを用いてユーザーに提供する FTTH サービスの料金よりも高く設定していた。このため、競争者はいかに効率的に事業を行っても、NTT 東日本のユーザー向け価格と同額以下で FTTH サービスを提供すれば必ず損失が生じる状況に置かれていた。

NTT 東日本によるこのような接続料金の設定は、実質的な供給拒絶であり、市場支配力の形成、維持、強化という観点からみて正常な競争手段を逸脱するような人為性を有するものであって、競争者による FTTH サービス市場への参入を著しく困難にする効果を持つことから、排除行為に該当すると判断された。

3-1で説明したとおり、「排除」の方法・手段は、法文上、限定がないから、独占禁止法違反とされた事例は、上記 4 つの典型的な行為にとどまるものではない。

パラマウントベッド事件（勧告審決平成 10 年 3 月 31 日）では、国や地方公共団体が発注する病院向け医療用ベッドのほとんどすべてを製造するパラマウントベッド社が、東京都発注の医療用ベッドの指名競争入札等に当たり、東京都の入札事務担当者に対して、自社が実用新案権を持

つことを伏せて、その実用新案を含む仕様を仕様書に盛り込む等の働きかけを行い、自社の医療用ベッドのみが適合する仕様書入札を実現したことが、他の医療用ベッド製造販売業者の事業活動の排除行為として認定された。

北海道新聞社事件（同意審決平成12年2月28日）では、函館地区の新聞発行部数の大部分を占める北海道新聞社が、①自ら使用する具体的計画がないにもかかわらず、新規参入を企図する函館新聞社が使用すると目される複数の新聞題字の商標登録を出願し、②通信社に対し函館新聞社からのニュース配信要請に応じないことを要請し、③函館新聞社の広告集稿先に対し大幅な割引広告料等を設定し、④テレビ局に対し函館新聞社のテレビコマーシャル放映の申込みに応じないことを要請した一連の行為が、函館新聞社の参入を妨害する排除行為として認定された。

3-3 支配行為

「支配」とは、野田醤油事件（東京高裁判決昭和32年12月25日）によれば、「何らかの意味において他の事業者に制約を加えその事業活動における自由なる決定を奪うこと」である。他の事業者の自由な事業活動の決定に制約を加えるものであるから、品質や価格による競争を逸脱するような人為性を有する。

直接的な行為か間接的な行為かは問わない。また、行為者が提示する条件等に対して、他の事業者が意思に反して従わされた場合に限られるものではない。他の事業者が、行為者による経済的利益に誘引され、進んで行為者に従ったものであっても、他の事業者の自主的な事業活動上の決定に制約を加えるものであれば、「支配」に該当し得る。

取引先事業者の意思決定に干渉する「支配」では、これにより、取引先事業者間の競争を回避させることが独占禁止法上問題となる。

パラマウントベッド事件（勧告審決平成10年3月31日）では、パラマ

ウントベッド社が、医療用ベッドの販売業者のみに参加資格がある都立病院向け同ベッドの入札において、落札予定者と落札予定価格を決め、その落札予定者がその落札予定価格で落札できるようにするため、入札に参加する販売業者に入札すべき価格を指示するとともに、その指示に従わせるため、入札における協力への礼金の提供や落札された製品について帳票類上のみの取引に参加させることによる利益の提供を行っていた。

福井県経済農業協同組合連合会事件（排除措置命令平成27年1月16日）では、福井県の補助事業対象工事の施主となる農協の発注業務（指名競争入札）を代行する福井県経済農業協同組合連合会が、受注予定者を定め、その受注予定者に入札価格を指示するとともに、他の入札参加者の入札すべき価格を指示していた。

また、自己の競争者の意思決定に干渉する「支配」では、これにより、競争者に競争回避的行動を採らせることが独占禁止法上問題となる。

> ## 3-4 公共の利益に反して、一定の取引分野における競争の実質的制限

私的独占における一定の取引分野の画定についての考え方は、不当な取引制限と同様である（第2章2-3参照）。

排除型私的独占ガイドライン（第3の1(1)）によれば、一定の取引分野とは、排除行為によって競争の実質的制限がもたらされる範囲をいい、その成立する範囲は、具体的な行為や取引の対象・地域・態様等に応じて相対的に決定されるべきものであるので、具体的行為や取引の対象・地域・態様等に応じて、その行為に係る取引とそれにより影響を受ける範囲を検討し、その競争が実質的に制限される範囲を画定して決定されるのが原則である。

そして、排除行為に係る取引とそれにより影響を受ける範囲を検討する際に、必要に応じて、需要者（または供給者）にとって取引対象商品と

代替性のある商品の範囲または地理的範囲がどの程度広いものであるかとの観点を考慮することになる。

このように、私的独占に係る一定の取引分野は、行為を起点として、それにより競争機能が害されている範囲を画定するものであり、企業結合とは、アプローチが異なる（第6章6-3参照）。

「公共の利益に反して」と競争の実質的制限の考え方についても、不当な取引制限と同様である（第2章2-4、2-5参照）。

NTT東日本事件（最高裁判決平成22年12月17日）によれば、「競争を実質的に制限すること」は、「市場支配力の形成、維持ないし強化」という結果が生じることであり、このような市場支配力の形成・維持・強化について、この事件の原審である東京高裁判決（平成21年5月29日）では、「競争自体が減少して、特定の事業者又は事業者団体がその意思で、ある程度自由に、価格、品質、数量、その他各般の条件を左右することによって、市場を支配することができる状態を形成、維持、強化すること」と判示している。

市場シェアの高い事業者が排除行為を行えば、通常、競争の実質的制限が認められる。この事件の最高裁調査官解説[注]によれば、「競業者が排除されて競争が減少すれば、通常は市場支配力を維持・形成・強化することにつながるものと解される（逆にいえば、そうであるからこそ行為者は競業者を排除するし、供給者の数が減れば通常は供給余力も減り、行為者に対する市場内の牽制力は低下する。）。よって、他者排除事案においては、経験則上、通常であれば競争の実質的制限の状態が生じているものと推認することが許されよう。特に、市場シェアが高い行為者が競業者排除を行った場合には、このように事実上の推定をすることにはより合理性が高い」。

（注）　岡田幸人「判解」法曹時報64巻11号377〜279頁（2012）。

第4章 不公正な取引方法

4-1 不公正な取引方法とは

　不公正な取引方法は、取引の態様として、「公正な競争を阻害するおそれ」（公正競争阻害性）があるものを類型化したものである。その定義は、2条9項1号〜5号で規定されているもの（法定5類型）と、同項6号イ〜ヘのうち「公正な競争を阻害するおそれがあるもの」として公正取引委員会が告示により指定するもの（指定類型）とに分けられる。

　2条9項6号に基づく公正取引委員会による指定には、事業分野を問わず適用される一般指定（不公正な取引方法（昭和57年公取委告示第15号））と、特定の事業分野に対してのみ適用される特殊指定がある。

　特殊指定には、現在、大規模小売業告示（大規模小売業者による納入業者との取引における特定の不公正な取引方法（平成17年公取委告示第11号））、物流特殊指定（特定荷主が物品の運送又は保管を委託する場合の特定の不公正な取引方法（平成16年公取委告示第1号））、新聞特殊指定（新聞業における特定の不公正な取引方法（平成11年公取委会告示第9号））の3つがある。

　平成21年の独占禁止法改正以前は、2条9項6号に相当する規定のみが置かれ、不公正な取引方法として禁止される行為類型は、いずれも、「公正な競争を阻害するおそれがあるもののうち、公正取引委員会が指定するもの」であったが、平成21年の独占禁止法改正で不公正な取引方法の一部に課徴金制度を導入したことに伴い、一般指定の中から、課徴金対象となる5つの行為類型（共同の供給拒絶、差別対価、不当廉売、再販売価格拘束、優越的地位の濫用）を切り出して、2条9項1号〜5号として

規定された。

　これら2条9項1号〜5号には、法文上、「公正な競争を阻害するおそれ」との文言がないが、「公正な競争を阻害するおそれがあるもののうち、公正取引委員会が指定する」一般指定の中から切り出した行為類型であるから、「公正な競争を阻害するおそれ」がある行為に変わりはない。各号での「正当な理由がないのに」、「不当に」、「正常な商慣習に照らして不当に」の各文言が、「公正な競争を阻害するおそれ」を意味する。

　また、2条9項6号イ〜へが規定する6つの類型については、平成21年の一般指定の改正（平成21年公取委告示第18号）により、15の多様な行為類型が「公正な競争を阻害するおそれがあるもの」として指定されている。

　不公正な取引方法の禁止は19条で規定されているが、その趣旨は、競争を「公正かつ自由」なものに秩序付けることにある。土佐あき農業協同組合事件（東京高裁判決令和元年11月27日）によれば、独占禁止法は競争の実質的制限を生じさせる可能性が高い行為や、公正な競争秩序確保の観点からみて不適当な行為は、競争阻害の程度がさほど高くない段階であっても、これを禁止することとしているのであり、「阻害するおそれ」という文言のとおり、競争に対する悪影響の程度は、「競争を実質的に制限すること」よりも小さくて足りる。その意味で、不公正な取引方法は、不当な取引制限や私的独占の予防・補完的な役割を果たすものといわれることがあるが、規制対象としている行為類型は、不当な取引制限や私的独占の手段となり得るものにとどまらず、ぎまん的顧客誘引や取引上の地位の不当利用なども含み多種多様である。

4-2　公正競争阻害性

　「公正な競争を阻害するおそれ」、すなわち公正競争阻害性とは、良質・廉価な商品・役務を提供して顧客を獲得するという公正な競争秩序に悪

影響を及ぼすおそれがあることである。不公正な取引方法は、多種多様な行為類型を対象としていることを前提として、公正競争阻害性が認められるのは、①自由な競争の確保、②競争手段の公正さの確保、③自由競争基盤の確保のいずれか、またはいくつかを同時に侵害する場合である。言い換えると、①〜③が保たれている状態が公正な競争秩序である^(注)。

①は、ⅰ）事業者相互間の自由な競争が妨げられていないこととⅱ）事業者がその競争に参加することが妨げられていないことである。

①が侵害される具体的な行為としては、ⅰ）は不当な取引制限、ⅱ）は排除型私的独占と重なるが、4-1で説明したとおり、公正競争阻害性は、「競争を実質的に制限すること」に至らない段階で認められる。

②は、競争が価格・品質・サービスを中心としたものであることにより、自由な競争が秩序付けられていることである。

②が侵害される具体的な行為としては、自らの商品の価格・品質等の情報を歪めて伝え、顧客の合理的な選択を歪めることや、誹謗中傷等による競争者の取引の妨害などである。行為自体が非難されるものであるが、公正競争阻害性の判断に当たっては、市場における競争秩序の維持という観点から、行為の広がり等の量的な面も考慮することとなる。

③は、取引主体が取引の諾否や取引条件について自由かつ自主的に判断することにより取引が行われていることである。

③が侵害される具体的な行為は、取引上の優越的な地位を利用して、競争が機能していれば受け容れることがないであろう不利益を取引の相手方に対して課すこと（優越的地位の濫用行為）である。優越的地位の濫用行為は、ⅰ）取引主体の自由かつ自主的な判断による取引の阻害とともに、ⅱ）取引の相手方はその競争者との関係において競争上不利となる一方で、行為者はその競争者との関係において競争上有利となるおそれがあることに公正競争阻害性がある（ラルズ事件（東京高裁判決令和3年3月3日））。

優越的な地位を利用して、取引の相手方に対して不利益を課すこと自

体がⅰ）を満たすといえるが、公正競争阻害性の判断に当たっては、市場における競争秩序の維持という観点から、行為の広がり等の量的な面も考慮することとなる。そして、ⅱ）は、その濫用行為がある程度の広がりや継続性等を有していれば、当然に生じることとなる「おそれ」である。

　「おそれ」に関し、土佐あき農業協同組合事件（東京高裁判決令和元年11月27日）によれば、不公正な取引方法の規制をするための要件としては具体的に競争を阻害する効果が発生していることや、その高度の蓋然性があることまでは求められておらず、公正競争の確保を妨げる一般的抽象的な危険性があることで足りる。

　なお、上記①～③の分類を各行為類型にあてはめれば、概ね図表4－2－1のとおりとなる。

　法定5類型と指定類型の規定には、「不当に」「正常な商慣習に照らして不当に（な）」「正当な理由がないのに」のいずれかの文言が用いられているが、これら文言のそれぞれの意義は、次のとおりである。

　「不当に」「正常な商慣習に照らして不当に（な）」とは、行為類型に該当するだけでは原則として公正競争阻害性があるとはいえず、個別に公正競争阻害性の有無を判断する必要があることを意味する。

　一方、「正当な理由がないのに」とは、着うた事件（審判審決平成20年7月24日）で、「その行為を正当化する特段の理由がない限り、公正競争阻害性を有する」とされたように、行為類型に該当すれば、原則として公正競争阻害性が認められ、例外的に公正競争阻害性がない場合があることを意味する。

（注）　田中寿編著『不公正な取引方法──新一般指定の解説』10頁（商事法務研究会、1982）。独占禁止法研究会「不公正な取引方法に関する基本的な考え方⑴」公正取引382号34頁（1982）。

[図表 4 - 2 - 1]　公正競争阻害性の分類と行為類型

公正競争阻害性の分類	行為類型	2条9項	一般指定
主として①	共同の取引拒絶	1号	1項
	その他の取引拒絶		2項
	差別対価	2号	3項
	取引条件等の差別的取扱い		4項
	事業者団体における差別的取扱い等		5項
	不当廉売	3号	6項
	不当高価購入		7項
	排他条件付取引		11項
	再販売価格拘束	4号	
	拘束条件付取引		12項
①と②いずれか、または両方	抱き合わせ販売等		10項
	競争者に対する取引妨害		14項
	競争会社に対する内部干渉		15項
主として②	ぎまん的顧客誘引		8項
	不当な利益による顧客誘引		9項
③	優越的地位の濫用	5号	
	取引の相手方の役員選任への不当干渉		13項

4 - 3　正当化事由

　不公正な取引方法に当たり得る行為であっても、「正当な理由」（正当化事由）があれば、違法とはならない。正当化事由は、独占禁止法の究極の目的である「一般消費者の利益を確保するとともに、国民経済の民主的で健全な発達を促進すること」（1条）に照らして判断する。

　第一次粉ミルク（和光堂）事件（最高裁判決昭和50年7月10日）によれば、「正当な理由」とは、専ら公正な競争秩序の見地からみた観念であって、競争秩序の維持とは関係のない事業経営上または取引上の観点等か

らみて合理性ないし必要性があるにすぎない場合などは、正当な理由があるとはいえない。

　また、日本遊戯銃協同組合事件（東京地裁判決平成9年4月9日）で、行為の目的が競争政策の観点からみて是認し得るものであり、かつ、内容と実施方法が目的を達成するために合理的なものである場合には、正当な理由があるとされたほか、東日本遊技機商業協同組合事件（東京地裁決定令和3年3月30日）では、目的の正当性の有無と手段としての相当性を総合的に判断するとされたように、目的の正当性だけでなく、内容・手段の合理性・相当性も考慮する。したがって、目的は正当であっても、その目的を実現する上で競争制限的ではない他の手段を取り得るのであれば、正当化事由とはならない。

　東芝昇降機サービス事件（大阪高裁判決平成5年7月30日）では、エレベータの独立系保守業者に対し、取替え調整工事込みでなければ部品の供給に応じないとしたエレベータメーカーの子会社が、その行為の正当化事由として安全性の確保を主張したのに対し、安全性の確保は、不公正な取引方法に当たるかどうかの判断に当たり「考慮すべき要因の1つである」が、この事件では、取換え調整工事込みでなければ部品供給に応じないことが安全性の確保に必要な手段とは認められなかった（正当化事由とはならなかった）。

　小売業者に対する再販売価格の拘束が問題となったハマナカ毛糸事件（東京高裁判決平成23年4月22日）では、行為者が主張した①産業、文化としての手芸手編み業の維持という目的については、一般的にみて保護に値する価値とはいえるものの、それが一般消費者の利益を確保するという独占禁止法の目的と直接関係するとはいえない上、目的達成のために小売業者の事業活動における自由な競争を阻害することが明らかな手段を採ることが、必要かつ相当であるとはいえない、②中小小売業者の生き残りを図るという目的については、そもそも、中小小売業者が自由な価格競争をしないで生き残りを図るというのであるから、公正かつ自由な競争秩序維持の見地からみて正当性がないと判断された。

4-4 共同の取引拒絶

　2条9項1号と一般指定1項は、不公正な取引方法の行為類型として、共同の取引拒絶を定めている。

　共同の取引拒絶として問題となる典型例は、メーカーが、共同して、安売りを行う（おうとする）流通業者に対し商品の供給を拒絶したり、流通業者が、共同して、メーカーに対し、安売りを行う（おうとする）流通業者への商品の供給を拒絶するようにさせることにより、安売りを行う流通業者を市場から排除したり、新規参入を阻止するような場合である。

　2条9項1号は、商品やサービスの「供給」を拒絶する行為を対象としているのに対し、一般指定1項は、「供給を受けること」（購入）を拒絶する行為を対象としている違いがあることを除けば、いずれも、自らが直接拒絶する場合だけでなく、他の事業者に行わせる間接拒絶の場合も含むなど、規定の文言は同一である。供給と購入で書き分けがなされているのは、平成21年の独占禁止法改正で「供給」の拒絶が課徴金の対象となったためである。

　「共同して」は、不当な取引制限における「共同して」と同義である。単に外形的に行為が一致している事実だけでは足りず、取引を拒絶することや取引を拒絶させることについての事業者間での「意思の連絡」があることが必要である。

　この場合、明示的な意思の連絡がなくとも、「他の事業者の取引拒絶行為を認識ないし予測して黙示的に暗黙のうちにこれを認容してこれと歩調をそろえる意思があれば足りる」（着うた事件（審判審決平成20年7月24日））。ただし、不当な取引制限とは異なり、共同の取引拒絶に該当するのは、「競争者と共同して」行うものとして明文化されている。このため、競争者ではない者と共同して行う取引拒絶は、一般指定2項（その他の取引拒絶）の対象となる。

　取引先の選択は本来的に自由であり、取引を拒絶された相手方が他に

代替的な取引相手を見つけることが容易であれば、取引拒絶が直ちに独占禁止法上問題となることはない。

しかし、競争者と共同して行う取引拒絶は、取引先選択の自由を互いに制約することから、取引先選択の自由の問題ではなく、しかも、共同して行うものであるため、拒絶された事業者が市場から排除されるおそれが大きなものとなる。

したがって、「正当な理由がないのに」という文言が付され、原則として違法と位置付けられている（4-2参照）。

独占禁止法違反とされた事例は、以下のように、新規参入の阻止や競争者を排除する目的で行われており、正当な理由がないことが明らかである。

新潟タクシー事件（排除措置命令平成19年6月25日）では、新潟市内のタクシー会社21社が、従前は、低額運賃のタクシー会社とともに共通乗車券発券事業者を通じて共通チケットを発券していたが、低額運賃のタクシー会社を排除するため、この共通乗車券発券事業者を解散させた後、新たに21社によって、共通乗車券発券事業者3社を設立し、3社に、低額運賃のタクシー会社とは共通乗車券を利用する契約を締結させなかった（間接拒絶）。

[図表4-4-1] 新潟タクシー事件

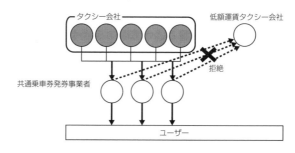

他方、環境、安全、倫理などの社会公共的な目的を有した自主基準を

共同して設定し、これに反した事業者との取引を拒絶する取決めをする場合、基準設定の目的が競争政策の観点から是認し得るものであり、基準の内容と実施方法が目的達成のために合理的なものであれば、正当な理由があると認められる余地がある（日本遊戯銃協同組合事件（東京地裁判決平成9年4月9日））。

4-5　その他の取引拒絶

　一般指定2項は、単独の取引拒絶など、2条9項1号と一般指定1項以外のすべての取引拒絶を対象とし、自らが直接行う取引拒絶だけでなく、間接の取引拒絶も含まれている。共同の取引拒絶とは異なり、「不当に」の文言が付されており、個別に違法性を判断する必要がある（4-2参照）。

　単独かつ直接の取引拒絶については、基本的には、取引先選択の自由の範囲内の問題であり、事業活動において、特定の相手方と取引しないことは当然に起こり得るから、独占禁止法違反となるかどうかについては慎重な判断を要する。

　流通・取引慣行ガイドライン（流通・取引慣行に関する独占禁止法上の指針（平成3年公取委事務局））[注]によれば、①独占禁止法上違法な行為の実効を確保するための手段として用いる場合、②市場における有力な事業者が、競争者を市場から排除するなどの独占禁止法上不当な目的を達成するための手段として取引拒絶を行い、これによって取引を拒絶される事業者の通常の事業活動が困難となるおそれがある場合には「例外的に」不公正な取引方法に当たることになる（第2部第3の1および2）。

　①については、再販売価格維持や排他的条件付取引の実効手段として、取引拒絶を用いる場合が挙げられる。再販売価格維持や排他条件付取引が違反となるとともに、その実効性確保のために行われた取引拒絶自体も一般指定2項に該当し、独占禁止法違反となり得るというものである。

②については、

- 　市場における有力な原材料メーカーが、自己の供給する原材料の一部の品種を取引先である完成品メーカーが自ら製造することを阻止するため、その完成品メーカーに従来供給していた主要な原材料の供給を停止すること
- 　市場における有力な原材料メーカーが、自己の供給する原材料を用いて完成品を製造する自己と密接な関係にある事業者の競争者をその完成品の市場から排除するために、その競争者に従来供給していた原材料の供給を停止すること

が例示されている。「市場における有力な事業者」に該当するのは、市場シェアが20％を超えることが一応の目安となる（第1部3(4)「市場におけるシェアが20％以下である事業者や新規参入者がこれらの行為を行う場合には、通常、違法とはならない。」）。

　一方、間接の取引拒絶については、取引先選択の自由の問題ではないから、「独占禁止法上不当な目的を達成するため」であるかどうかにかかわらず、拒絶された者の事業活動が困難になるかどうかで判断すれば足りる。流通・取引慣行ガイドラインによれば、市場における有力な事業者が、取引の相手方に自己の競争者との取引を拒絶させる行為を行うことにより、市場閉鎖効果が生じる場合に違法となる（第1部第2の2(1)イ）。「市場閉鎖効果が生じる場合」とは、新規参入者や既存の競争者にとって、代替的な取引先を容易に確保することができなくなり、事業活動に要する費用が引き上げられる、新規参入や新商品開発等の意欲が損なわれるといった、新規参入者や既存の競争者が排除されるまたはこれらの取引の機会が減少するような状態をもたらすおそれが生じる場合をいう（第1部3(2)ア）。

　　(注)　ガイドラインの内容や運用実態を解説したものとして、佐久間正哉編著『流通・取引慣行ガイドライン』（商事法務、2018）。

4-6 差別的取扱い

　一般指定4項は、「不当に」、事業者に対し、取引の条件や実施について有利または不利な取扱いをすることを差別的取扱いとして定めている。

　差別的取扱いの対象となる取引の「条件」は、対価（価格）を除く、品質、規格、数量、支払条件、リベートなどである。価格については、2条9項2号または一般指定3項（差別対価）で別個の行為類型として規定されている（4-8参照）。また、取引の「実施」は、配送順序、人気商品の優先提供など取引の条件ではないが、取引に付随した各種の取扱いを指す。

　取引量や運送距離など取引の状況に応じて、取引先ごとに取引条件等に差が生じるのは合理的なことであり、それ自体なんら不当ではない。不当な差別的取扱いとして違法となるのは、市場における有力な事業者（4-5参照）が、差別的な取引条件等を用いることによって、取引先事業者に対し、競争者の商品の購入を避けさせ、その結果、競争者が他に代わり得る取引先を容易に見いだすことができなくなるおそれがある場合である。

　オートグラス東日本事件（勧告審決平成12年2月2日）では、補修用ガラスの最大手卸売業者が、競争者が取扱う輸入品ガラスを積極的に使用していた取引先事業者に対しては、価格を15％引き上げる（差別対価）とともに、1日2回の配送回数を1回にし、臨時配送を行わないようにしたこと（取引の実施の差別）によって、輸入品ガラスの増加を抑制していたことについて、これら行為を包括して一般指定4項が適用された。

　大分県農業協同組合事件（排除措置命令平成30年2月23日）では、生産したネギの一部を農協以外の業者に出荷した組合員に対しては、ブランド銘柄での販売禁止や集出荷場を使わせないようにしていたことによって、農協以外への出荷を抑制していたことについて、一般指定4項が適用された。

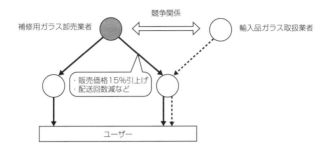

[図表4-6-1]　オートグラス東日本事件

補修用ガラス卸売業者　　　競争関係　　　輸入品ガラス取扱業者

・販売価格15％引上げ
・配送回数減など

ユーザー

4-7　不当廉売

　不当廉売は、2条9項3号と一般指定6項で定められているが、これは、平成21年の独占禁止法改正で、改正前の旧一般指定6項のうち、課徴金対象である前段部分を2条9項3号として規定し、後段部分が現行の一般指定6項とされたものである。

　価格は競争の中核であり、商品がより安い価格で供給されることは、消費者の利益にもなることから、価格の安さ自体を不当視するものではないことが大原則である。しかし、事業者の効率性によって達成した低価格で商品を提供するのではなく、採算を度外視した低価格によって顧客を獲得しようとすることは、独占禁止法の目的からみて問題のある場合がある。

　2条9項3号に当たるのは、商品や役務を、①正当な理由がないのに、②供給に要する費用を著しく下回る対価で、③継続して供給し、④他の事業者の事業活動を困難にすることであり、一般指定6項に当たるのは、商品や役務を、①不当に、②低い対価で供給し、③他の事業者の事業活動を困難にするおそれがあることである。

　このように、不当廉売となる対価の水準は、2条9項3号が「供給に要

する費用を著しく下回る対価」であるのに対し、一般指定 6 項は「低い対価」である。

2 条 9 項 3 号の「供給に要する費用」は、行為者の総販売原価であり、製造業の場合は、製造原価に販売費、一般管理費を加えたものである。

一般指定 6 項の「低い対価」についても、ヤマト運輸郵政公社事件（東京高裁判決平成 19 年 11 月 28 日）で、市場価格を下回る対価であっても、「供給に要する費用」を上回る対価で供給している場合には、効率性を反映した対価として経済合理性を有し、効率性向上による競争を促進するものといえるので、このようなものまで「不当に……低い対価」に当たるとすることは、同項を設けた趣旨に沿わないと判断されたとおり、行為者の総販売原価を下回る対価であることを前提としている。

もっとも、総販売原価を下回る対価での販売が直ちに不当ということではない。総販売原価には、設備投資費や研究開発費といった固定的な費用が含まれるため、固定的な費用が大きい商品では、短期的には総販売原価を下回る対価での販売であっても、販売を継続したほうが損失は小さくなり、経済合理性がある。

このため、2 条 9 項 3 号は、供給に要する費用を「著しく下回る」対価で供給することと規定されている。

この点、不当廉売ガイドライン（不当廉売に関する独占禁止法上の考え方（平成 21 年公取委））によれば、「廉売対象商品を供給しなければ発生しない費用」、すなわち、「可変的性質を持つ費用」さえ回収できないような低い対価を設定することが、「供給に要する費用を著しく下回る対価」に当たる（不当廉売ガイドライン 3 (1) ア (エ) a）。

「供給に要する費用を著しく下回る対価」での供給は、供給すればするほど損失が拡大するため、そのような対価設定には、通常、経済合理性が認められない。他の事業者は、競争上、同じ対価で供給せざるを得ないため、廉売行為者と同等かそれ以上に効率的な事業者であっても損失が生じることとなり、事業の継続に影響を与え得る水準といえるからである。

可変的性質を持つ費用に該当するか否かは、廉売対象商品の供給量の変化に応じて増減する費用であるか、廉売対象商品の供給と密接な関連性を有する費用かという観点から評価して判断する（不当廉売ガイドライン3⑴ア㈣b）。可変的性質を持つ費用は、排除型私的独占ガイドラインでの典型的な行為類型の1つである「商品を供給しなければ発生しない費用を下回る対価設定」における「商品を供給しなければ発生しない費用」と同じである。

　したがって、可変的性質を持つ費用を上回る対価であれば、通常、私的独占はもちろん、不公正な取引方法の不当廉売に該当することはないが、不当廉売となるのは、可変的性質を持つ費用を下回るものに限定されるわけではない。

　可変的性質の費用は上回るものの、総販売原価は下回る対価を設定する場合において、たとえば、固定費が大きく、可変的性質の費用が小さいケースで、他の事業者が固定費を回収できないような「低い対価」を設定することによって参入を断念させる意図・目的等の事実が認められるような場合には、一般指定6項に当たり、不当廉売となり得る。

　2条9項3号の「継続して」は、相当期間にわたり繰り返し廉売を行っているか、その蓋然性があることである。需要者の購買行動によっては、毎日行っていなくても、たとえば、毎週末等の日を定めて行うといった廉売であっても「継続して」に当たる。

　2条9項3号と一般指定6項のいずれもで規定されている「他の事業者の事業活動を困難にさせるおそれ」は、「おそれ」であるので、現実に事業活動が困難になる必要はなく、そのような結果が招来される具体的な可能性が認められれば足りる。不当廉売ガイドライン（3⑵イ）によれば、廉売行為者の事業の規模と態様、廉売対象商品の特性、供給数量、期間、広告宣伝の状況、廉売行為者の意図・目的、廉売によって影響を受ける他の事業者の事業の規模と態様等を総合的に考慮して判断する。

　2条9項3号は、「正当な理由がないのに」と規定されているように、原則として公正競争阻害性の存在が推定される（4-2参照）。「原価を著

しく下回る対価」で「継続して」供給を行うことは、企業努力や正常な競争過程を反映しないものであり、経済合理性がなく、競争事業者の事業活動を困難にさせるなど公正な競争秩序に悪影響を及ぼすおそれが多いとみられるため、原則としてこれを禁止するのが適当である。

廉売を正当化する特段の事情（正当な理由）として、不当廉売ガイドライン（3⑶）は、需給関係から価格が低落しているときに対応した価格を設定する場合、生鮮食料品のように品質が急速に低下するおそれのあるものや季節商品のように販売の最盛期を過ぎたものについて安売りをする場合等を挙げている。

都営芝浦と畜場事件（最高裁判決平成元年12月14日）では、専ら公正な競争秩序維持の見地に立ち、具体的な場合における行為の意図・目的、態様、競争関係の実態および市場の状況等を総合考慮して判断すべきとした上で、地方公営企業が行った、食肉の低廉かつ安定的な供給という政策目的による廉売について、競争者排除の意図がなく、行為者と競争関係に立つ事業者の大多数が行為者より低い対価を設定していたという事実等が考慮された結果、「正当な理由」が認められている。

これに対し、「原価を著しく下回る対価」と「継続して」を要件としない一般指定6項は、原則として違法となるのではなく、「不当に」と規定されているように、個別に判断する必要がある（4－2参照）。

濱口石油事件（排除措置命令平成18年5月16日）では、他の有力な石油製品小売業者を排除する意図をもって行っていたこと等の事実も考慮して、可変的性質を持つ費用は上回るが、総販売原価を下回る価格での販売についても、旧一般指定6項後段（現行の一般指定6項）に当たるとされた。

4－8 差別対価

2条9項2号と一般指定3項は、差別対価を定めている。2条9項2号

は、地域または相手方により差別的な対価で継続的に供給するものであり、一般指定3項は、それ以外の差別対価である。

4-6（差別的取扱い）のとおり、取引量や運送距離など取引の状況に応じて、取引先ごとに対価に差が生じるのは合理的なことであり、それ自体なんら不当ではないため、行為者の地位や他の事業者の事業活動に与える影響等を考慮して個別に違法性を判断する必要がある（4-2参照）。このため、2条9項2号と一般指定3項は、一般指定4項（差別的取扱い）と同様、ともに「不当に」と規定されているが、差別の相手方が事業者に限定されていないという点は、一般指定4項と異なる。

差別対価が違法となるのは、市場における有力な事業者（4-5参照）が、競争者と競合する販売地域や顧客に限って廉売を行い、競争者の事業活動を困難にするおそれがある場合である。

この場合、行為者が「自らと同等あるいはそれ以上に効率的な事業者（競争事業者）が市場において立ち行かなくなるような価格政策を採っているか否かを基準に判断するのが相当」であり、「不当な差別対価に当たるかどうかの判断においては原価割れの有無がその要素になる」（ニチガス事件（東京高裁判決平成17年5月31日））。

他方、トーカイ事件（東京高裁判決平成17年4月27日）によれば、①行為者の設定価格がコスト割れでない場合には、それが不当な力の行使であると認められるなど特段の事情が認められない限り、違法となるとはいえない、②特段の事情は、市場の構造や動向、行為者の市場における地位、行為者と競争事業者との供給コストの差、価格差を設けた行為者の主観的意図等を総合的に勘案して判断される。これは、コスト割れしていない対価であっても、例外的に違法となる余地があることを示している。このような差別対価が違法となるかどうかは、行為者の意図・目的、取引価格・取引条件の格差の程度、供給に要する費用と価格との関係、行為者と競争者の市場における地位、取引の相手方の状況、商品の特性、取引形態等を総合的に勘案して判断される（不当廉売ガイドライン5(1)イ(イ)）。

また、市場における有力な事業者が、合理的な理由なく差別的な対価を設定し、差別を受ける相手方の競争機能に直接かつ重大な影響を及ぼす場合にも、独占禁止法上問題となる。たとえば、再販売価格の要請を遵守せずに安い価格で販売している小売業者に対しては高い対価で供給することにより、その小売業者が、小売市場で競争機能を発揮できなくなり、小売価格が維持されるような場合である。

4-9　再販売価格の拘束

　2条9項4号で定められている再販売価格の拘束は、自己の供給する商品を購入する相手方に、正当な理由がないのに、その商品の販売価格を定めてこれを維持させることのほか、相手方の販売価格の自由な決定を拘束するなどの条件を付けてその商品を販売することである。これは、自らの商品を購入する相手方に対して、相手方の販売価格を指示してその価格で販売させる行為（2条9項4号イ）とともに、さらにその下の取引段階の事業者の販売価格を指示してその価格で販売させるようにする行為（同号ロ）も含む。ただし、①委託販売の場合であって、受託者は、受託商品の保管、代金回収等についての善良な管理者としての注意義務の範囲を超えて商品が滅失・毀損した場合や商品が売れ残った場合の危険負担を負うことがないなど、その取引が事業者（委託者）の危険負担と計算において行われている場合、②事業者（メーカー）が、小売業者との間で、直接交渉して納入価格が決定される取引において、商流上、メーカーの相手方となる卸売業者に対しては、決定した価格で小売業者に納入するよう指示する場合であって、卸売業者が物流や代金回収の責任を負い、その履行に対する手数料分を受け取ることとなっている場合など、事業者の直接の取引先は単なる取次ぎとして機能しており、実質的にみて当該事業者が販売していると認められる場合には、取引先に対して価格を指示しても、通常、違法とはならない（流通・取引慣行ガイド

ライン第1部第1の2(7))。

　再販売価格の拘束に該当するか否かを判断するに当たっては、その対象の商品について、実効性をもって流通業者間の価格競争を制約することができていたかどうか（「拘束」の有無）が問題となる。

　第一次粉ミルク（和光堂）事件（最高裁判決昭和50年7月10日）によれば、「拘束」とは、「その取引条件に従うことが契約上の義務として定められていることを要せず、それに従わない場合に経済上のなんらかの不利益を伴うことにより現実にその実効性が確保されていれば足りる」。

　経済上の「不利益」としては、たとえば、出荷停止、出荷量削減、出荷価格の引上げ、優先的に人気商品の供給を受けられる特約店登録からの抹消（ナイキジャパン事件（勧告審決平成10年7月28日））等の手段が挙げられる。また、メーカーの示した価格で販売する場合にリベートの供与、販売促進支援（資生堂事件（同意審決平成7年11月30日））等の経済上の「利益」を供与することでも、現実にその実効性が確保されていれば、「拘束」に当たる。

　すなわち、メーカーが、流通業者に対して、「希望価格」や「推奨価格」を、単なる参考として設定するだけで、流通業者が自由に価格を決定できるのであれば「拘束」には当たらないが、メーカーの何らかの人為的手段によって、流通業者がメーカーの示した価格で販売することについての実効性が確保されていると認められれば「拘束」に当たる。

　したがって、経済上の利益や不利益という手段が実際に講じられていなくても、これを通知・示唆することで実効性が確保されていれば「拘束」に当たる（流通・取引慣行ガイドライン第1部第1の2(3)）。

　また、2条9項4号は、行為者が相手方に対し、価格を維持「させる」ことや「自由な決定を拘束する」などと書かれているが、一方的な行為だけでなく、メーカーと流通業者が「合意」する場合であっても、流通業者の価格決定が制約され、その実効性が確保されていることに変わりはなく、「拘束」に当たる（コールマンジャパン事件（排除措置命令平成28年6月15日）、コンビ事件（排除措置命令令和元年7月24日）、流通・取引慣

行ガイドライン第1部第1の2(3)①)。

ソニー・コンピュータエンタテインメント（SCE）事件（審判審決平成13年8月1日）では、「拘束」の終期について、拘束の手段・方法とされた具体的行為が取りやめられたり、具体的行為を打ち消すような積極的な措置が採られたか否かという拘束者の観点からの検討に加えて、拘束行為の対象の販売業者が制約を受けずに価格決定等の事業活動ができるようになっているかという拘束された者の観点からの検討も必要であり、さらに、これを補うものとして、対象商品の一般的な価格動向等の検討も有用とされた。

これまで違反とされた事例でも、行為者が小売店の価格監視や流通ルートの探索等を行い、それに基づいて安売りを理由とする出荷停止を示唆したことや大多数の販売業者の価格が維持されていること等の多面的な事実から「拘束」が認定されている。

本来は販売業者が自由に決定すべき価格決定を拘束することは、再販売価格拘束がもたらす問題を考える上での出発点ではあるが、それ自体で直ちに違法となるということではなく、販売業者間の価格競争に対する影響を踏まえて判断する。

多数の販売業者の販売価格を拘束できれば、販売業者間の価格カルテルと同様の効果をもたらすこととなる。したがって、拘束の対象範囲としては、基本的には、販売業者間での価格競争が制限されるおそれが認められる程度の広がりを必要とするが、拘束の対象である販売業者が少数であっても、他の販売業者の価格設定に影響を及ぼす力を有する者を拘束している場合には、違法となる。資生堂事件では、取引の相手方のうち、拘束の対象とされたのは大手量販店2社であったが、その2社が設定する販売価格が、他の販売業者の価格設定に大きな影響を及ぼし得る状況にあったことを勘案して違法となった。

再販売価格の拘束は、販売業者の事業活動において最も基本的な事項である販売価格の自由な決定を拘束することで、対象とする商品の販売業者間の価格競争を消滅させる効果を有するものであり、取引の相手方

が良質廉価な商品を提供するという形で行われるべき競争を人為的に妨げることから、「正当な理由がないのに」と規定されているように、原則として違法となる（4-2参照）。

流通・取引慣行ガイドライン（第1部第1の2(2)）によれば、「正当な理由」は、①再販売価格の拘束によって実際に競争促進効果が生じてブランド間競争（他のメーカーの同種の商品も含めた販売価格競争）が促進され、②それによってその商品の需要が増大し、消費者の利益の増進が図られ、③そのような競争促進効果が再販売価格拘束以外のより競争阻害的でない他の方法によっては生じ得ないものである場合において、④必要な範囲と必要な期間に限り、認められる。

もっとも、実効性をもって再販売価格を拘束できるのは、ユーザーによる他のブランドへの乗替えが起きにくい（他のメーカーの同種の商品との価格競争を回避できる）商品であることが多いので、実効性ある拘束をしていながら、①が成立することは稀であると考えられることなどから、「正当な理由」が認められるのは極めて例外的である。

4-10　排他条件付取引

一般指定11項で定められている排他条件付取引は、不当に、競争者と取引しないことを条件として相手方と取引し、競争者の取引の機会を減少させるおそれがあることである。

「競争者」は、現に競争関係にある者のほか、潜在的な競争者も含む。また、競争者一般を指すものと解されており、特定の競争者を排他的に取り扱う場合には、一般指定11項ではなく、一般指定12項（拘束条件付取引）が適用される。

「取引しないこと」は、相手方に対して、直接的に競争者との取引を禁止するという場合だけでなく、競争品の取扱いを禁止するという場合も含む。また、競争者と従来取引をしていた取引をやめさせる場合だけで

なく、新規取引に当たって競争者と取引をしないことを条件とする場合
も含まれる。

　現実の経済取引においては、メーカーと販売業者との間で、継続的な
取引関係を形成していくことが通常であり、取り扱う商品についてアフ
ターサービス等の専門的能力の発揮や安定した販路の確保のため、特約
店契約や総代理店契約などにより、競争者に対して排他的な関係を形成
することは、しばしば見られる。

　したがって、取引の相手方に対し、自らの競争者との取引を禁止・制
限すること自体が直ちに違法となるわけではなく、「不当に」と規定され
ているように、個別に判断する必要がある（4-2参照）。

　北海道新聞社事件（東京高裁判決昭和29年12月23日）によれば、①一
般に相手方が自己の競争者から物資等の供給を受けないことを条件とし
てこれと取引をすることは、それ自体違法ではなく、ある事業者Aがか
かる競争方法をとっても、その競争者である別の事業者Bにとって、A
と取引をしている者に代わる取引の相手方を容易に求めることができる
限り、Bの市場への進出は少しも妨げられない、②しかしながら、そう
でなければ、Bは、本来の競争による市場進出はAによって人為的に妨
げられることとなるので、Aのこのような競争方法は不当である。

　このように、排他条件付取引として違法となるのは、市場における有
力な事業者（4-5参照）が行う場合であって、市場閉鎖効果が生じる場
合（4-5参照）である（流通・取引慣行ガイドライン第1部第2の2(1)イ）。

　東洋精米機製作所事件（東京高裁判決昭和59年2月17日）によれば、排
他条件付取引の違法性は、行為者と競争関係にある事業者の利用し得る
流通経路がどの程度閉鎖的な状態におかれることとなるかによって決定
されるべきであって、一般に市場において有力な立場にある事業者がそ
の製品について販売業者の相当数の者との間で排他条件付取引を行う場
合には、その取引は原則的に違法である。

　流通・取引慣行ガイドライン（第1部第2の2(1)イ）によれば、このよ
うな制限を行う事業者の商品が強いブランド力を有している場合や競争

者の供給余力が総じて小さい場合には、そうでない場合と比較して、取引の相手方にとってその事業者から商品の供給を受けることがより重要となり、その制限の実効性が高まることから、市場閉鎖効果が生じる可能性が高くなる。また、制限の期間が長期間にわたるほど、制限の相手方の数が多いほど、競争者にとって制限の相手方との取引が重要であるほど、そうでない場合と比較して、市場閉鎖効果が生じる可能性が高くなる。

　競争者の流通経路が閉鎖されるおそれがあるほどに排他的な取引が実効性を持つのは、行為者の相手方にとって、競争者の商品を取り扱わなくとも利益になる、言い換えると、行為者の商品を取り扱えなくなることが不利益になるためであるから、対象商品の市場での行為者の地位の有力性は特に重要である。

　どの程度の閉鎖状態におかれれば、問題になるかについて、一律に、定量的な基準を設定できるものではない。また、複数の事業者が並行的に自らの競争者との取引の制限を行う場合には、一事業者のみが制限を行う場合と比べて市場閉鎖効果が生じる可能性が高くなる（流通・取引慣行ガイドライン第1部第2の2⑴イ）。

---

4 - 11　拘束条件付取引

　一般指定12項は、2条9項4号（再販売価格拘束）または一般指定11項（排他条件付取引）に該当する取引以外の、あらゆる不当な「拘束」条件を付けた取引を対象とするものである（拘束条件付取引）。

　「拘束」の意味は、4‐9（再販売価格拘束）で述べたことと共通である。

　あらゆる条件付取引を対象とするので、個々の取引の内容や拘束の程度等に応じて、競争に与える影響は異なる。不公正な取引方法として問題となるのは、市場閉鎖効果が生じる場合（4‐5参照）や、価格維持効果が生じる場合である。「価格維持効果が生じる場合」とは、その行為の相

手方とその競争者間の競争が妨げられ、その行為の相手方がその意思で価格をある程度自由に左右し、商品の価格を維持しまたは引き上げることができるような状態をもたらすおそれが生じる場合をいう（流通・取引慣行ガイドライン第1部3(2)イ）。

　拘束する内容に応じて、独占禁止法上問題となる場合を分類すると、以下のとおりである。

1　販売方法の制限

　メーカーが、自らの商品の品質・安全性の確保、ブランドイメージの維持等の目的を実現するために、小売業者に対して、顧客への説明販売、品質管理方法、陳列方法など販売方法を制限することがある。

　販売業者に対して、その顧客に商品の使用方法等を説明する義務（いわゆる対面販売義務）を課し、これに同意した者のみと特約店契約を締結していた化粧品メーカーが、その義務に違反した販売業者との契約を解除したことが争われた資生堂東京販売事件（最高裁判決平成10年12月18日）によれば、メーカーや卸売業者が販売政策や販売方法について有する選択の自由は原則として尊重されるべきことを前提に、小売業者に対して、商品の販売に当たり、顧客に商品の説明をすることを義務付けたりするなどの販売方法の制限を課すことは、その商品の販売のためのそれなりの合理的な理由に基づくものと認められ、かつ、他の取引先に対しても同等の制限が課せられている限り、それ自体としては独占禁止法上問題になるおそれはないが、販売方法の制限を手段として再販売価格の拘束を行っていると認められる場合には違法となる。

　流通・取引慣行ガイドライン（第1部第2の6(2)）によれば、販売方法の制限を手段として、価格拘束をしたり、後述する販売先や競争者の商品の取扱いについて制限したりする場合には、価格維持効果が生じる場合か、市場閉鎖効果が生じる場合には違法となる。

2　販売先の制限

　メーカーが卸売業者に対して、その取引先小売業者を特定し、小売業者が特定の卸売業者としか取引できないようにしたり、流通業者間で商

品の「横流し」を禁止することがある。

　販売先を制限することそれ自体は、対象となる商品をめぐる販売業者間の価格競争を直ちに制限するものではなく、ブランド間競争が機能していれば、問題は生じにくいが、市場が寡占的であったり、ブランドごとの製品差別化が進んでいてブランド間競争が十分に機能しにくい状況の下では、価格維持効果が生じることとなる。

　ゲーム機とそのソフトの首位メーカーが、ソフトの再販売価格の拘束の実効手段として、小売業者等に対して「横流し」を禁止し、再販売価格の拘束自体は消滅した後も横流し禁止行為を存続していたことが拘束条件付取引に当たるかどうかが争点の１つとなったソニー・コンピュータエンタテインメント（SCE）事件（審判審決平成13年8月1日）では、行為者が、ゲーム機とゲームソフトの市場シェアでいずれも１位であるだけでなく、ゲーム機間でソフトの互換性がないという状況の下、ゲームソフトの独占的な供給者であり、かつ、小売業者との直取引を基本とする閉鎖的な流通経路を構築していたという事実関係の下では、再販売価格を拘束する行為がなくなっていても、横流しの禁止によって「価格が維持されるおそれ」が認められ、拘束条件付取引に当たり、違法とされた。

　花王化粧品販売事件（最高裁判決平成10年12月18日）では、販売方法の制限が、価格維持の手段ではなく、「それなりの合理的な理由」があり、独占禁止法に違反するものではないと認められる場合には、その販売方法を遵守する販売業者に対してのみ商品を流通させるという販売先制限（いわゆる「選択的流通」）も違法ではないと判断された（流通・取引慣行ガイドライン第１部第２の5）。他方、販売方法を遵守する販売業者間での商品の「横流し」をも禁止することは、販売方法の制限に必然的に伴う拘束とは言えず、価格維持効果のある拘束条件付取引として違法となることがあり得る。

　土佐あき農業協同組合事件（東京高裁判決令和元年11月27日）では、収穫したなすの全量を農協に出荷せずに他の青果卸売業者に販売していた

組合員（農家）を、農協所有の集出荷場における生産者組織から除名等し、そのような組合員からのなすの販売受託を拒否することとし、さらに、農協への出荷量が少ない、あるいは農協以外の青果卸売業者に出荷した組合員からは手数料や罰金を収受するといった条件を付けて組合員から販売受託していた農協の行為について、組合員の相当数がこれらの行為の対象となっていたことからすると、農協以外の青果卸売業者にとって、農協と取引をしている組合員に代わる取引先（農家）を確保することは容易ではなく、その取引機会が減少するおそれ（市場閉鎖効果）があることから、拘束条件付取引として違法とされた。

3　販売地域の制限

　メーカーは、流通業者に対して、効率的な販売拠点やアフターサービス拠点の構築等の理由から、自らの商品の販売地域に制限を課すことがある。

　地域制限には、責任地域制（メーカーが流通業者に対して一定の地域を主たる責任地域として定め、その地域内において積極的な販売活動を行うことを義務付けること）や販売拠点制（メーカーが流通業者に対して、店舗等の販売拠点の設置場所を一定地域内に限定したり販売拠点の設置場所を指定すること）と呼ばれる、緩やかな制限から、顧客制限を伴った厳格な地域制限（メーカーが流通業者に対して、一定の地域を割り当て、地域外での販売を制限するもの）まで、様々な形態がある。

　メーカーが、小売業者の販売地域を指定した上で、地域外での販売を禁止すれば、そのメーカーの商品は、販売業者間の競争が消滅するため、ブランド間の競争が十分に働いていない場合には、価格維持効果が生じることとなる。したがって、独占禁止法上問題となるのは、顧客制限を伴った厳格な地域制限であり、市場が寡占的であったり、商品の差別化の程度が大きい（ブランド間競争が働いていない）ほど、また、行為者のシェアが大きいほど、価格維持効果が生じやすくなる（流通・取引慣行ガイドライン第1部第2の3)。

4　最恵国待遇条項

　近年、インターネット上で商品やサービスを比較検索して購入できる
プラットフォームサイトを運営する事業者が、取引の相手方（プラット
フォームサイトを利用して商品やサービスを消費者に販売する事業者）に対
し、競争者が運営するプラットフォームサイトなど他の流通経路で販売
する場合と販売価格や品揃えを同等、または、それ以上に有利に設定す
るよう義務付けること（最恵国待遇（Most Favored Nation（MFN））条項）
が独占禁止法上の問題となる事例が続いている（アマゾンジャパン事件
（公取委報道発表平成29年6月1日）、楽天トラベル事件（確約計画認定令和
元年10月25日）、ブッキング・コム事件（確約計画認定令和4年3月16日）、
エクスペディア事件（確約計画認定令和4年6月2日））。プラットフォーム
サイトは、一般には、商品やサービスを一覧化し、顧客レビューの提供
など消費者による比較や探索を容易にして取引コストを削減することが
期待されるものであり、最恵国待遇条項は、価格競争や品揃え競争を促
進し、消費者利益を増大するもののようにもみえるが、他の流通経路に
おいて価格設定や品揃えの差別化が起こりづらくなることを意味するこ
とから、プラットフォーム市場における他のプラットフォーム運営事業
者との手数料競争の減殺や新規参入が阻害されるおそれ（市場閉鎖効果）
のほか、プラットフォームを利用して商品やサービスを販売する事業者
間における協調的行動を促し、価格維持効果を生じさせるおそれもあり
得る。

　また、最恵国待遇条項には、プラットフォームを利用して商品を販売
する事業者の自社サイトでの販売価格との同等性のみを求めるタイプ
（ナローMFN）と、自社サイトのみならず他の販売経路での販売価格も
同等性の対象に加えるタイプ（ワイドMFN）がある。ナローMFNにつ
いては、フリーライダー問題（プラットフォームで情報を得た消費者が、プ
ラットフォームを利用して商品やサービスを販売する事業者の自社サイトで
直接購入することが生じる場合、プラットフォームを運営する事業者の投資
意欲が減退し、結果的に、商品やサービスの供給が十分になされなくなって、

消費者利益を損なうおそれ）を解消する手段として、競争促進的であるとの主張がプラットフォームを運営する事業者からなされることがある。

こうした競争促進と競争制限の両面があり得る最恵国待遇条項の不当性の判断に当たっては、プラットフォームを運営する事業者の地位、拘束を受ける事業者の地位や販売価格設定の状況、消費者の購買行動、商品の特性、フリーライダー問題発生の蓋然性などを踏まえ、個別事案ごとに判断されることとなる。

5　その他

2条9項4号は、「商品」の販売価格の拘束が対象であるため、「役務」の価格拘束には一般指定12項が適用される。20世紀フォックス事件（勧告審決平成15年11月25日）では、映画配給業者が、配給する映画について、上映者（映画館）が入場者から徴収する入場料を拘束していた。販売業者の価格競争を消滅させる効果を有するという問題は、2条9項4号と同様である（4-9参照）。

また、特定の競争者と取引しないことを条件とする場合には、一般指定11項ではなく、一般指定12項が適用される（4-10参照）。大分大山町農業協同組合事件（排除措置命令平成21年12月10日）では、農産物直売所を設置して農家から農産物の販売を受託する事業を行う農協が、農家に対し、競合する特定の新規参入した農産物直売所には農産物を出荷しないようにさせ、これを条件に取引していた。競争者の取引の機会が減少し、他に代わり得る取引先を容易に見いだすことができなくなるおそれがあるという問題は、一般指定11項と同様である（4-10参照）。

[図表 4-11-1] 大分大山町農業協同組合事件

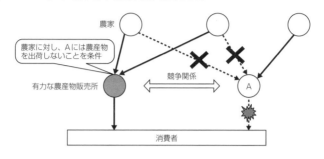

農家

農家に対し、Aには農産物
を出荷しないことを条件

有力な農産物販売所

競争関係

A

消費者

4-12 抱き合わせ販売

　一般指定10項は、前段部分で抱き合わせ販売を、後段部分でその他の取引強制を定めている。

　前段部分の抱き合わせ販売は、商品A（主たる商品）を販売する事業者が、商品Aの販売に際し、不当に、他の商品B（従たる商品）も併せて相手方に購入させることであり、後段部分の取引強制は、自己や自己の指定する事業者と取引するよう相手方に強制すること（抱き合わせ販売以外の取引強制）である。取引強制の典型例が抱き合わせ販売である。

　抱き合わせ販売で、抱き合わされる商品が「他の商品」といえるかどうかについては、主たる商品と従たる商品が、それぞれ、独立して取引の対象とされているか否かという観点から判断される。具体的には、需要者が異なるか、内容・機能が異なるか、需要者が単品で購入することができるか等の点が総合的に考慮される（流通・取引慣行ガイドライン第1部第2の7(3)、排除型私的独占ガイドライン第2の4(1)）。

　「購入させる」とは、従たる商品を購入しなければ主たる商品を供給しないという関係にあることをいい、ある商品の供給を受ける際に、客観的にみて少なからぬ顧客が従たる商品の購入を余儀なくされているかによって判断される（藤田屋事件（審判審決平成4年2月28日））。

意に反して強要されることまでは必要でなく、経済的利益によって誘引される場合も含む。排除型私的独占ガイドライン（第2の4(1)）によれば、抱き合わせ販売によって組み合わされた商品の価格が、行為者の主たる商品と従たる商品を別々に購入した合計額よりも低くなるため、多くの需要者が引き付けられるときも、実質的に従たる商品を購入させているのと同様であると認められる。

　抱き合わせ販売を行う主な動機としては、主たる商品の自らの地位を利用して従たる商品の市場開拓・販路確保やシェア拡大を狙う場合と、従たる（不人気）商品の在庫処分を図る場合がある。これらに応じて、抱き合わせ販売の違法性には、従たる商品市場における自由な競争を減殺すること（競争者を排除するおそれがあること）と、競争手段として不公正なこと（顧客の商品選択を歪めること）の2つがあり、個別の事案ごとに、いずれかの側面に着目して判断することとなる。「不当に」と規定されているように、抱き合わせを行うこと自体が違法ではない（4-2参照）。

　従たる市場の自由な競争を減殺することに着目するケースでは、主たる商品の市場における有力な事業者（4-5参照）が抱き合わせを行うことによって、従たる商品の市場において市場閉鎖効果が生じる場合には違法となる（流通・取引慣行ガイドライン第1部第2の7(2)）。

　日本マイクロソフト抱き合わせ事件（勧告審決平成10年12月14日）では、日本マイクロソフト社がパソコンメーカーに対して、表計算ソフトでシェア第1位の「エクセル」（主たる商品）に、シェアが小さかったワープロソフトの「ワード」（従たる商品）を抱き合わせてライセンスすることとした結果、「ワード」のシェアが第1位となったことについて、ワープロソフト市場の競争を減殺するものであり、一般指定10項に該当すると判断された。

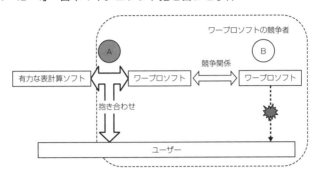

　また、競争手段としての不公正さに着目するケースでは、抱き合わせにより、顧客が、従たる商品の購入を強いられ、顧客の商品選択の自由を歪める競争手段であることを問題とする。藤田屋事件（審判審決平成4年2月28日）では、ゲームソフトの卸売業者が小売業者に対して、消費者に人気のゲームソフト（主たる商品）を販売するに当たり、在庫となっていた不人気ソフト（従たる商品）を抱き合わせていたことが一般指定10項に該当すると判断された。この場合、行為の対象となる相手方の数、行為の反復・継続性、伝播性等の「広がり」を総合的に考慮する（流通・取引慣行ガイドライン第1部第2の7⑵（注10））。

4 - 13　優越的地位の濫用

　2条9項5号は、取引上の地位が相手方に優越していることを利用して、取引の相手方に、正常な商慣習に照らして不当に、同号イ〜ハで定める不利益を与える行為（不利益行為）のいずれかを行うことを優越的地位の濫用と定めている。2条9項6号ホに基づく特殊指定（大規模小売業告示、物流特殊指定と新聞特殊指定）でも、優越的地位の濫用に当たる行為を定めている。

2条9項5号の「自己（X）の取引上の地位が相手方（Y）に優越していること」、すなわち地位の優越性は、取引の相手方ごとに決まる。

　優越ガイドライン（優越的地位の濫用に関する独占禁止法上の考え方（平成22年公取委））によれば、Yにとって、Xとの取引の継続が困難になることが事業経営上大きな支障をきたすため、XがYにとって著しく不利益な要請を行っても、Yがこれを受け入れざるを得ないような場合のXの地位である。また、YのXへの取引依存度（Yの全体の売上高に占めるXに対する売上高の割合）、Xの市場における地位（市場シェアや順位等）、Yが取引先を変更することができる可能性（YがX以外の事業者との取引の開始や取引を拡大する可能性、YがXとの取引に関連して行った投資等）やXと取引することの必要性・重要性を示す具体的事実（Xとの取引額、Xの成長可能性、取引の対象商品・役務を取り扱うことの重要性、Xと取引することによる信用の確保等）も総合的に考慮して判断される（優越ガイドライン第2の1・2）。

　これらの判断要素には、数値化が可能なものも含まれるが、特定の数値基準をもって一律に判断されるものではない。また、すべての要素を充足しなければ地位の優越性を認定できないというものではない。取引関係にある当事者間の取引をめぐる具体的な経緯や態様には、当事者間の相対的な力関係が如実に反映されることが少なくないから、実際に取引の相手方が行為者による客観的に不利益な行為を受け入れている場合には、これを受け入れるに至った経緯や態様等を総合的に勘案して、行為者の優越的地位該当性を判断することが合理的である（ダイレックス事件（東京高裁判決令和5年5月26日））。

　優越的地位は、企業規模が同程度の事業者間においても該当し得るものであり、特定の事業部門や営業拠点など特定の事業の経営に大きな支障を来す場合であっても、その事業が事業者の経営全体において相対的に重要なものである場合などには、事業経営上大きな支障を来すことがあり得る（ラルズ事件（東京高裁判決令和3年3月3日））。

　なお、取引の「相手方」には消費者も含まれる。対消費者優越ガイド

ライン（デジタル・プラットフォーム事業者と個人情報等を提供する消費者との取引における優越的地位の濫用に関する独占禁止法上の考え方（令和元年公取委））によれば、デジタルプラットフォーム事業者が提供するサービスを利用する際に、その対価として自己の個人情報等を提供していると認められる場合は、消費者は取引の相手方に該当する。

優越的地位の濫用の公正競争阻害性は、取引主体の自由かつ自主的な判断による取引が行われるという自由競争基盤の侵害である。そして、その結果として、取引の相手方はその競争者との関係において競争上不利になる一方、行為者はその競争者との関係において競争上有利になるおそれがあることである（優越ガイドライン第1の1）。

不利益行為に該当するか否かについては、この公正競争阻害性の内容に照らして判断し、取引の相手方にあらかじめ計算できない不利益を与えることとなるか、または、取引の相手方が得る直接の利益等を勘案して合理的であると認められる範囲を超えた負担となり不利益を与えるかを検討する（優越ガイドライン第4）。直接の利益とは、たとえば、金銭や役務の提供を取引の相手方に要請したときに、その提供が相手方の納入する商品の販売促進につながることをいい、要請に応じれば取引が継続するであろうといった間接的・観念的な利益は含まれない。

優越ガイドラインによれば、公正な競争を阻害するおそれが認められるかどうかについては、問題となる不利益の程度、行為の広がり等を考慮して個別の事案ごとに判断されるが、行為者が多数の取引の相手方に対して組織的に不利益を与える場合や、特定の取引の相手方に対してしか不利益を与えていないときであっても、その不利益の程度が強い、またはその行為を放置すれば他に波及するおそれがある場合には、それが認められやすい（優越ガイドライン第1の1）。

また、「正常な商慣習」とは、公正な競争秩序の維持・促進の観点から是認されるものであり、現に存在する商慣習だからということで、正当化されることにはならない（優越ガイドライン第3）。

不利益行為の類型とその事例としては、以下のようなものがある。

2条9項5号イは、継続して取引する相手方に対して、取引対象である商品・役務以外の商品・役務を購入させることである。継続取引を望む納入業者に対し、高価な時計、海外旅行パック等を購入させた事例（三越事件（同意審決昭和57年6月17日））、融資取引を受けるためには要請に従わざるを得ない融資先に対し、金利スワップを購入させた事例（三井住友銀行事件（勧告審決平成17年12月26日））等がある。

同号ロは、継続して取引する相手方に対して、自らのために経済上の利益を提供させることである。自らの店舗の新規オープンに際し、あらかじめ納入業者に対し、負担額、算出根拠、使途等について明確にすることなく、協賛金を提供させた事例（ドン・キホーテ事件（同意審決平成19年6月22日））、自らの店舗の新規オープンや改装の際に、あらかじめ納入業者との間で派遣条件について合意することなく、その納入業者の納入に係る商品であるかにかかわりなく、商品の陳列・補充、接客等の作業を行わせるために、納入業者に従業員等を派遣させた事例（ヤマダ電機事件（排除措置命令平成20年6月30日））等がある。

同号ハは、相手方に不利益となるような取引条件の設定、変更または取引の実施である。自らの店舗の閉店や改装に際し、あらかじめ返品の条件を定めておらず、返品を受けることが納入業者の直接の利益にもならず、返品により納入業者に生じることとなる損失を負担しないにもかかわらず、納入業者に対し、納入した商品の返品を受け入れさせた事例（島忠事件（排除措置命令平成21年6月19日））、セールに際し、売上げの増加等を図るため、仲卸業者に対し、セールに供する青果物について、あらかじめ仲卸業者との間で納入価格について協議することなく、等級や産地等からみて同種の商品の一般の卸売価格に比べて著しく低い価格をもって通常時に比べ大量に納入させた事例（ユニー事件（勧告審決平成17年1月7日））、飲食店ポータルサイトで飲食店の評点を算出するためのアルゴリズムについて、同一運営主体が複数店舗を運営する飲食店の評点を、そうではない飲食店の評点に比して下方修正する変更を行い、そのアルゴリズム設定を継続していた事例（食べログ事件（東京地裁判決

令和 4 年 6 月 16 日）。ただし、東京高裁判決令和 6 年 1 月 19 日で違反なしとされた）のほか、優越的地位にある飲食店ポータルサイトが飲食店に対し、特定の飲食店のみに適用されるようなアルゴリズムを恣意的に設定・運用等し、その表示順位や評点を落とす行為が優越的地位の濫用となるおそれがあることを指摘した「飲食店ポータルサイトに関する取引実態調査報告書」（公取委報道発表令和 2 年 3 月 18 日）等がある。

　優越的地位の濫用を未然に防止するためには、取引の対象となる商品・役務の具体的内容や品質に係る評価の基準、納期、代金の額、支払期日、支払方法等を取引の当事者間であらかじめ明確にし、書面で確認するなどの対応をしておくことが望ましい（優越ガイドライン第 4）。

---

4 - 14　競争者に対する取引妨害

　一般指定 14 項は、競争関係にある他の事業者とその取引の相手方との取引を不当に妨害する行為を定めている。

　「競争関係」にあるか否かは、潜在的な競争を含め実質的に判断される。

　「妨害」は、「いかなる方法をもってするかを問わ」ないことから、多種多様な行為が含まれ得る。

　これまでの違反事例には、手段自体が非難される妨害行為を対象としたものとして、タクシー待機場所で、競争者のタクシーの前に立ちはだかったり、タクシーを割り込ませたりするなどして、競争者のタクシーに利用者が乗車することを物理的に妨害したもの（神鉄タクシー事件（大阪高裁判決平成 26 年 10 月 31 日））がある。

　他方、手段自体の問題ではなく、価格維持や競争者排除などの目的・効果に着目した事例もあり、取引妨害が不公正な取引方法として問題となるのは、手段自体が不公正であることと、自由な競争を減殺することのいずれか、または両方を満たす場合である（4 - 2 参照）。

　ディー・エヌ・エー事件（排除措置命令平成 23 年 6 月 9 日）では、携帯

電話向けソーシャルネットワーキングサービス業の大手事業者である
ディー・エヌ・エーが、ソーシャルゲーム提供事業者に対し、競争者の
グリーにゲームを提供しないよう要請し、応じない事業者には自社ウェ
ブサイトにリンクを掲載しない措置を採った。これにより、グリーは、
有力な事業者と判断し選定したソーシャルゲーム提供事業者の過半につ
いて自社サイトを通じて新たにゲームを提供させることが困難となった。

[図表 4 - 14 - 1]　ディー・エヌ・エー事件

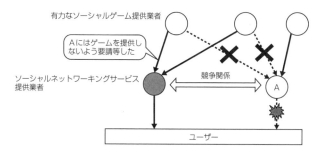

第一興商事件（審判審決平成 21 年 2 月 16 日）では、業務用通信カラオ
ケ機器の販売・レンタル業で最大手の第一興商が、競争者であるエクシ
ングを攻撃するとの方針の下で、有力楽曲の原盤権を管理する子会社に、
エクシングとの使用許諾契約の更新を拒絶する通知をさせるとともに、
その事実をカラオケ機器の卸売業者やユーザーに告知した一連の行為に
ついて、競争手段として不公正であることとともに、競争者の通信カラ
オケ機器の取引に重大な影響を及ぼす蓋然性が高いことから、取引妨害
に当たるとされた（図表 4 - 14 - 2）。

アメアスポーツジャパン・ウイルソン事件（確約計画認定令和 4 年 3 月
25 日）では、米国のスポーツブランド「ウイルソン」の国内総代理店で
あるアメアスポーツジャパンが、正規品とは別ルートで輸入する、いわ
ゆる並行輸入品を取り扱う国内の販売業者（並行輸入品販売業者）からテ
ニスラケットを入手し、その製品情報（シリアルナンバー）をウイルソン

[図表 4 - 14 - 2]　第一興商事件

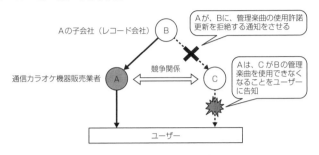

社に連絡するとともに、その情報から並行輸入品販売業者にテニスラ
ケットを販売した国外の販売業者（国外販売業者）を特定した上で、その
国外販売業者が並行輸入品販売業者にテニスラケットを販売しないよう
にさせることをウイルソン社に求め、ウイルソン社は、その国外販売業
者に対し、並行輸入品販売業者にテニスラケットを販売しないよう警告
していたという被疑行為について、確約手続により処理された。

[図表 4 - 14 - 3]　アメアスポーツジャパン・ウイルソン事件

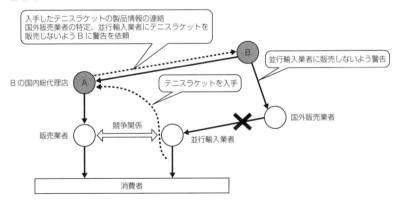

サイネックス・スマートバリュー事件（確約計画認定令和4年6月30日）では、サイネックスとスマートバリューが、ホームページリニューアル業務の発注を検討している市町村等に対する営業活動において、オープンソースソフトウェアではないソフトウェアについても脆弱性が存在する場合がある中で、オープンソースソフトウェアではないシステムにすることが情報セキュリティ対策上必須である旨を記載した仕様書等の案を作成して、自らだけでは仕様設定することが困難な市町村等に配付するなどして、オープンソースソフトウェアのシステムを取り扱う事業者が受注競争に参加することを困難にさせる要件を盛り込むよう働き掛けているという被疑行為について、確約手続により処理された。

[図表4-14-4] サイネックス・スマートバリュー事件

オープンソフトウェアのシステムを取り扱う事業者

競争関係

A

Aが、市町村に対し、オープンソースソフトウェアではないシステムにすることが情報セキュリティ対策上必須である旨を記載した仕様書等の案を作成・配布

受注競争に参加することが困難

市町村等

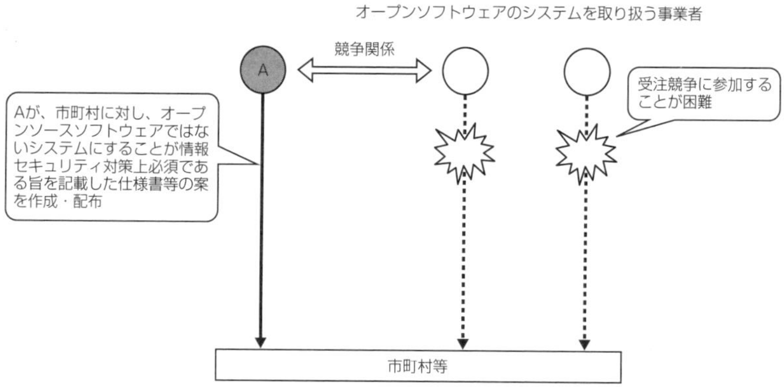

4-15　ぎまん的顧客誘引・不当な利益による顧客誘引

一般指定8項は、ぎまん的顧客誘引を定めている。供給する商品・役務の内容や取引条件等について、実際のものや、競争者のものよりも著しく優良であったり、有利であると顧客に誤認させることにより、競争者の顧客を自らと取引するように不当に誘引することである。

その典型的なものは、虚偽、誇大な広告や表示によって、顧客を自己と取引するようにさせることである。実際に問題となることが多い一般消費者に対する広告や表示は、後述する景品表示法（不当景品類及び不当表示防止法（昭和37年法律第134号））によって規制されるため、一般指定8項が対象とするのは、実際上、事業者に対する表示や表示以外の方法によるものである。表示以外の方法で、ぎまん的顧客誘引に該当するとして違反とされた事例として、マルチ商法の勧誘方法を問題としたホリディ・マジック事件（勧告審決昭和50年6月13日）がある。

　誤認の程度の「著しく」とは、誇張・誇大の程度が社会一般に許容される程度を超えていることである（カンキョー事件（東京高裁判決平成14年6月7日））。顧客が、商品選択において、表示を誤認して誘引されるかどうかは、商品の性質、顧客の知識水準、取引の実態、表示の方法、表示の内容等により異なるので、これらの諸要素を勘案して判断することとなる。

　一般指定9項は、不当な利益による顧客誘引を定めている。景品、懸賞、融資等を正常な商慣習に照らして不当に提供することにより、競争者の顧客を自らと取引するよう誘引することである。後述する景品表示法は、「取引に付随して」提供される景品類を対象しているので、一般指定9項の対象は、実際上、それ以外の利益による顧客誘引である。取引に付随する景品や懸賞以外の方法で、不当な利益による顧客誘引として違反とされた事例としては、証券会社が、一部の顧客に対し、有価証券等の取引で生じた顧客の損失を補てんしたこと等を問題とした野村證券事件（勧告審決平成3年12月2日）や、義務教育諸学校で使用する教科書の発行者が、その採択に関与する可能性のある教員等に対し、金銭や中元・歳暮等を提供し、また、懇親会を催して酒類・料理等を提供していたことを問題とした教科書発行者事件（警告平成28年7月6日）がある。

　一般指定8項と9項は、いずれも、競争手段としての不公正さに着目したものであり、顧客の適正かつ自由な商品選択が歪められ、適正な表示等を行っている競争者の顧客を奪うおそれがあることを問題とする。

ビームス事件（東京高裁判決平成19年10月12日）で、「後続の事業者が同様の不当顧客誘引行為を行うという波及的、昂進的な誘引効果をもたらすことなどにより、公正な競争が阻害されることになる」との判断が示されているように、行為の広がり（相手方の数、継続性・反復性、伝播性等）も考慮することとなる。

　また、一般指定9項の「正常な商慣習に照らして不当な利益」であるか否かについては、問題となる取引が行われている業界における正常な商慣習かどうかを加味して判断されるが、現に存在する商慣習ではなく、公正な競争秩序の観点から是認される商慣習をいう。野村證券事件は、証券市場の健全な価格形成機能の維持等から要請される投資家の自己責任原則に反し、証券業における正常な商慣習に反するものであった。教科書発行者事件では、教科書発行者による利益供与を禁じた文部科学省通知（平成19年初等中等教育局長）と教科書宣伝行動基準（平成19年教科書協会）も加味して判断している。

　景品表示法は、昭和37年に独占禁止法の特例法として制定され、一般消費者に対する表示と取引に付随して提供される景品類を規制している。景品表示法は、平成21年に公正取引委員会から消費者庁へ移管された際に、たとえば、禁止される不当な表示の規定は、「公正な競争を阻害するおそれがあると認められる表示」から、消費者法として「一般消費者による自主的かつ合理的な選択を阻害するおそれがあると認められる」表示に改正されている。同法に違反する行為を行う事業者に対しては、消費者庁長官のほか、都道府県知事が、行為の差止めや再発防止のための必要な措置を命じることができる（措置命令）。また、適格消費者団体が、優良誤認表示と有利誤認表示に対して差止請求をすることができる。さらに、平成26年11月改正により優良誤認表示と有利誤認表示に対する課徴金制度が導入されたほか、令和5年の改正により、確約手続とともに優良誤認表示と有利誤認表示に対する刑事罰が導入されている（公布の日から1年半以内に施行）[注]。

（注）　景品表示法や同法の改正について詳しくは、西川康一編著『景品表示法〔第
　　　6版〕』（商事法務、2021）、南雅晴編著『はじめて学ぶ景品表示法』（商事法務、
　　　2023）参照。

第5章 違反事件の手続と措置

5-1 違反事件の手続・行政調査

　独占禁止法に違反する行為が行われている疑いがある場合に、違反の有無を明らかにし、違反行為を排除するために必要な措置等を命じるため、公正取引委員会には、違反行為を行っている事業者等に対する調査権限が付与されている。行政調査手続（排除措置命令等の行政処分の対象となり得る独占禁止法違反被疑事件を審査するための手続）では、これに応じなかった場合等に懲役や罰金などの罰則を科すことによって間接的に履行（調査に応じること）を担保するという間接強制権限に基づいて、立入検査、提出命令、留置、出頭命令と審尋、報告命令等の処分を行う（これに対して、警察や検察等が行う臨検、捜索、差押え等は、相手方があえてこれを拒否した場合には、直接的、物理的に実力を行使して強制できるため、直接強制と呼ばれている）。このほか、間接強制権限に基づくものではなく、事業者等の任意の協力に基づいて、供述聴取、報告依頼などにより事件の調査を行うこともある。

　独占禁止法違反被疑事件処理の流れ（行政調査）は、図表5-1-1のとおりである[注1]。

　公正取引委員会では調査の開始のきっかけとして、様々なツールを利用している。これらのツールとしては、①公正取引委員会が独自に収集するもの（職権探知）のほか、②一般からの報告（申告）、③具体的な事実を公正取引委員会に報告した場合に、課徴金が減らされたり、課されなくなる課徴金減免制度に基づく申請（5-7参照）等がある。これらのう

[図表 5 - 1 - 1] 独占禁止法違反被疑事件処理の流れ（行政調査）

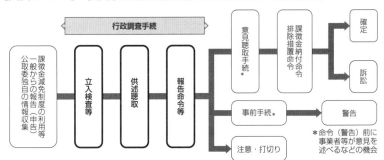

ち、申告が最も数が多く、何人も、独占禁止法の規定に違反する事実が
あると考えるときは公正取引委員会に対してその事実を報告し適当な措
置をとるよう求めることができる（45条1項）。ただし、これは、報告者
に対して、公正取引委員会が立入検査等の調査を開始したり、適当な措
置をとることを要求する具体的請求権を付与したものではない（エビス
食品企業組合不作為違法確認請求事件（最高裁判決昭和47年11月16日））。

　公正取引委員会は、独占禁止法違反の疑いのある事実を発見した後は、
立入検査、供述聴取、報告命令等の調査権限を用いて事件調査を行う。

　公正取引委員会は、47条1項4号の規定に基づき、違反行為を行って
いる疑いがある事業者等の営業所その他必要な場所に立ち入り、業務お
よび財産の状況、帳簿書類その他の資料を検査することができる。また、
同項3号の規定に基づき、事件調査に必要と考えられる帳簿書類その他
の資料について、その所持者に提出を命じ、留置すること（公正取引委員
会が一時的にそれらの資料を預かること）ができる。

　なお、正当な理由なく検査を拒み、妨げ、または忌避した場合や資料
を提出しない場合には、94条の罰則（懲役や罰金）の対象となる（間接強
制力）。このように、47条の規定に基づいて審査官^{（注2）}が行う立入検査そ
の他の処分は、事件調査の対象となる方にはこれを受忍する義務があり、
罰則の対象となるという意味で、調査に応じるかどうかが全くの任意で

あるというものではない。

　また、47 条の規定に基づく間接強制力を伴う立入検査ではなく、事業所等に赴き、事業者等の任意の協力に基づいて資料の提出等を依頼する場合もある。

　立入検査に際して、審査官は、立入検査場所の責任者等に対して、身分を示す審査官証を提示した上で、行政調査の根拠条文（47 条）、事件名、違反被疑事実の要旨、関係法条等を記載した告知書を交付し、検査の円滑な実施に協力を求めるとともに、検査に応じない場合には罰則が適用されることがある旨を説明する。

　立入検査は、違反行為を行っている疑いがある事業者等の営業部門、経理部門など、その名称にかかわらず、審査官が事件調査に必要であると合理的に判断した場所に対して行われる。また、従業員の自宅などであっても、違反被疑事実に関する資料が存在することが疑われ、審査官が事件調査に必要であると合理的に判断した場合には立入検査の対象となる。

　立入検査の結果、審査官は、事件調査に必要であると考えられる資料について、事業者等に対して提出命令を行った上で、提出物件を留置する。提出の際には、資料の原物について、現状のまま提出することが求められる。サーバ、クライアント PC 等に保存された電子データ（電子メール等のデータを含む）については、それらのデータを複製・保存した記録媒体（必要に応じてクライアント PC 等の本体）を提出することが求められる。

　資料の提出命令は、審査官が事件調査に必要であると合理的に判断した範囲で行われる。個人の所有物のように、一般にプライバシー性の高いもの（手帳、携帯電話等）であっても、違反被疑事実の立証に資する情報が含まれていることが疑われるため、審査官が必要であると判断した場合には提出することが求められる。

　資料の提出命令や留置の際には、審査官が、対象となる資料の品目を記載した目録を作成する。その目録には、帳簿書類その他の資料の標題

等を記載するとともに、所在していた場所や所持者、管理者等を記載することによって、その資料が特定される。

　供述聴取には、任意の供述聴取と間接強制力を伴う審尋がある。任意の供述聴取は、聴取を受ける方の任意の協力に基づいて行われるものであり、審尋は、47条1項1号の規定に基づいて、審尋を受ける方に出頭を命じた上で聴取が行われる。審尋を受ける方が正当な理由なく出頭しない場合や、陳述をしない、または虚偽の陳述をした場合には、94条の罰則（懲役や罰金）の対象となる。通常は、任意の供述聴取が行われる。

　供述聴取時の弁護士を含む第三者の立会い、供述聴取過程の録音・録画、供述聴取を受ける方の聴取中のメモは、事案の実態解明の妨げになるおそれがあるので、認められていない。また、同様の理由で、調書作成時に調書の写しの交付は行われない。

　審査官は、任意の供述聴取を行った場合に、必要があると認めるときは、供述調書を作成する。また、審査官は、47条の規定に基づいて審尋を行ったときは、審尋調書を作成しなければならない。供述調書や審尋調書が作成された場合には、聴取を受けた方に、審査官が読み上げる調書の内容を聞き、または調書を自ら読むことによって、その記載に誤りがないかどうかを確認の上で、誤りのないときは、署名押印が求められる。

　公正取引委員会は、47条1項1号の規定に基づき、違反行為を行っている疑いがある事業者等に対して、事件調査に必要な情報について、報告を求めることができる（報告命令）。これに違反して、報告をしない場合や虚偽の報告をした場合には、94条の罰則（懲役や罰金）の対象となる。

　なお、47条の規定に基づく間接強制力を伴う報告命令ではなく、事業者等の任意の協力に基づく報告が依頼される場合もある（報告依頼）。

（注1）「独占禁止法違反被疑事件の行政調査手続の概要について〔事業者等向け説明資料〕」（令和2年12月公取委）より抜粋。5-1の内容については、上記「事業者等向け説明資料」全体を参照。

（注2）　公正取引委員会は、47条2項の規定により、職員を審査官として指定し、事件調査に当たらせている。

5-2　違反事件の手続・命令

1　意見聴取手続

　排除措置命令や課徴金納付命令を行う場合、適切な行政処分を行うため、事前の手続として、意見聴取手続が行われる。これは、命令を行う前に命令の名宛人となることが見込まれる事業者（当事者）に意見を述べさせるものである。この意見聴取手続は、公正取引委員会が指定する職員（意見聴取官）が指揮・進行する（53条）。

　公正取引委員会からは、意見聴取を行う日より前に、当事者に対して、①予定される排除措置命令や課徴金納付命令の内容、②公正取引委員会の認定した事実とこれに対する法令の適用などが通知される（50条1項）。また、その際に、その内容をみたり、コピーすることができる（閲覧・謄写の対象となる）証拠の目録が送付される。

　公正取引委員会の認定した事実を立証する証拠について、当事者はその内容をみたり（閲覧）、コピーすること（謄写）（謄写については、自社の証拠物（その従業員の供述を録取した調書を含む）に限定されている（52条1項））を求めることができる。公正取引委員会は、第三者の事業秘密や個人情報等の第三者の利害を害するおそれがあるときその他正当な理由がある場合を除き、閲覧や謄写を認めることとなる（52条1項）。

　意見聴取が行われる日には、審査官は、予定している排除措置命令や課徴金納付命令の内容、認定した事実とそれを立証する証拠のうち主要なものと、認定した事実に対する法令の適用について説明する（54条1項）。当事者は、これに対して意見を述べ、証拠を提出することができるほか、審査官に対して質問することができる（54条2項）。

　意見聴取官は、当事者による質問や審査官による説明の経過、意見陳

述や証拠の提出等の経緯等を記載した調書をその日ごとに作成する（58条1項・2項）。さらに、意見聴取の終結後速やかにこの意見聴取での論点を整理し、整理された論点を記載した報告書を作成し、意見聴取の日ごとに作成した調書とともに公正取引委員会に提出する（同条4項）。

意見聴取官が作成する報告書は、意見聴取での論点を整理し、当事者の意見も踏まえて公正取引委員会が適切な命令をすることに役立てるものであり、意見聴取官の判断や意見が記載されるものではない。当事者の主張に理由があるか否かの判断は、公正取引委員会が行う。

当事者は、これらの調書と報告書の閲覧を求めることができる（58条5項）。公正取引委員会が排除措置命令や課徴金納付命令を行うときは、これらの調書と報告書の内容を十分に参酌しなければならない（60条）。

なお、下記3のとおり、この意見聴取手続は、平成25年改正法によって平成27年4月1日から導入されたものであるが、北陸新幹線融雪設備工事事件（排除措置命令・課徴金納付命令平成27年10月9日）がこの意見聴取手続が行われた初めての事件である。

2 取消訴訟

排除措置命令や課徴金納付命令を受けた事業者は、命令があった日から6か月以内に、裁判所に取消訴訟を提起することができる。通常の行政処分と異なり、独占禁止法違反事件は複雑な経済事案を対象としており、専門性が高いことから、判断の統一性を図り、裁判所の専門的知見の蓄積を図るため、取消訴訟はすべて東京地方裁判所に提起することとなっている（85条1号）。

また、地方裁判所の裁判は、通常、裁判官1名で行われるが、公正取引委員会が合議により行った命令に対する抗告訴訟であることも踏まえ、東京地方裁判所は、3名の裁判官の合議体によって裁判を行い、必要に応じて5名の裁判官の合議により裁判を行うこともできる（86条）。

3 平成25年改正前の独占禁止法が適用される場合の手続

前記1と2の手続は、平成25年改正法により導入されたものであるが、同改正法の施行日である平成27年4月1日より前に排除措置命令や課

徴金納付命令の事前通知があった場合は、改正前の独占禁止法の規定に基づく手続が適用される。すなわち、排除措置命令または課徴金納付命令に対して不服がある場合は、名宛人は、公正取引委員会に対して審判を請求する。審判は、公正取引委員会が行った命令に対する不服審査手続であり、公正取引委員会が審判官を指定して、その審判官が審査官と審判請求を行った事業者（被審人）の双方に主張立証を行わせるなどして（審判手続）、最終的に、公正取引委員会が審判請求に対する判断として審決を行う。審決に不服がある場合、審決の名宛人は、公正取引委員会を被告として東京高等裁判所に取消訴訟を提起する。

　さらに、平成17年の独占禁止法改正前は、以上の手続とは異なり、公正取引委員会は、違反行為を排除するために必要な措置をとるよう命じようとする場合、まずは、文書で勧告を行い、相手方がこれを応諾した場合には、審決（勧告審決）により、また、相手方がこれを応諾しない場合には、審判開始決定を行い、審判を経て、審決（審判審決）により、違反行為を排除するための措置を命じていた。

5-3　違反事件の措置・排除措置命令

　独占禁止法の規定に違反する行為があると認めるときは、公正取引委員会は、事業者に対し、その行為の差止め、事業の一部の譲渡その他これらの規定に違反する行為を排除するために必要な措置を命じることができる（7条）。公正取引委員会が措置を命じるかどうかや、命じる措置の内容については、独占禁止法の運用機関として専門的な裁量が認められている（豊田商法国家賠償請求事件（大阪高裁判決平成10年1月29日）、長谷川十木工業㈱に対する件（審判審決（課徴金の納付を命ずる審決）平成18年4月26日））。

　なお、排除措置命令に違反したもの（97条）には過料が、排除措置命令が確定した後にこれに従わないもの（90条3号）に対しては、罰則（懲役

や罰金）が定められている。

公正取引委員会は、独占禁止法に違反する行為を現に行っている事業者に対して排除措置命令を行うことができる（7条1項）ほか、その独占禁止法違反行為が既になくなっている場合（既往の違反行為）にも、「特に必要があると認めるとき」には、違反行為をした事業者に対して排除措置命令を行うことができる（同条2項）。「特に必要があると認めるとき」については、①違反行為が長期にわたり継続的・恒常的に行われ、当事者間に強固な協調的関係が形成され、この関係は容易に解消されないこと、②違反行為の取りやめは公正取引委員会が立入検査を実施したことを契機とするものであって、違反行為者の自発的意思によるものではないこと、などが根拠とされることが多い^(注)。既往の違反行為について排除措置を命じるかどうかの判断についても、公正取引委員会の専門的な裁量が認められている。実際には、違反行為に係る事業を他の事業者に譲渡したこと等によって違反行為に関する事業を行わなくなったような場合を除いて、既往の違反行為に排除措置を命じることが一般的である。

排除措置命令として命じることができるのは、違反行為が行われているときは、その行為の差止め、事業の一部の譲渡その他これらの規定に違反する行為を排除するために必要な措置であり（7条1項）、違反行為が既になくなっている場合には、その行為が既になくなっている旨の周知措置その他その行為が排除されたことを確保するために必要な措置である（同条2項）。具体的には、公正取引委員会は、通常、①その行為の取りやめ、または違反行為が排除されたことの確認を命じるとともに（併せて、その内容を他の違反行為者、取引先事業者、自社の従業員等に対して知らせること等も命じる）、②その違反行為と同様の行為を再び行わないことを命じ、③②の実効性を確保するために必要な体制整備（具体的には、従業員に対する独占禁止法についての研修の実施や独占禁止法遵守マニュアルの整備等）を命じることが多い。

違反行為を排除するために必要な措置は、これまでも違反行為の態様

や市場の状況等に応じて様々なものが命じられている。カルテル合意の破棄やその取引先への通知といった措置以外にも、たとえば、取引先との価格の再交渉（コーテッド紙事件（勧告審決昭和48年12月26日））、営業責任者の配置転換（旧道路公団鋼橋工事談合事件（勧告審決平成17年11月18日））、独占禁止法違反行為の通報者に対する免責等実効性のある社内通報制度の整備（地方整備局水門談合事件（排除措置命令平成19年3月8日））、価格の改定に関する情報交換の禁止（エアセパレートガス事件（排除措置命令平成23年5月26日））、特定の契約条項の削除や破棄（ぱちんこ機製造特許プール事件（勧告審決平成9年8月6日））が命じられている。

　なお、独占禁止法に違反する行為がなくなった日から7年を経過したときは、排除措置命令を行うことはできない（7条2項）（このような一定の期間内に権利を行使（ここでは、排除措置命令を行うことを指す）しなければ、その権利が消滅することを法が定めている場合に、その期間（ここでは7年間）は「除斥期間」と呼ばれている）。

　（注）　山﨑恒・幕田英雄監修『論点解説　実務独占禁止法』217頁（商事法務、2017）〔萩原浩太〕。

5-4　違反事件の措置・課徴金納付命令

　独占禁止法に違反する行為のうち特定の行為を行った事業者に対して、公正取引委員会は、課徴金の納付を命じなければならない（7条の2）。課徴金制度は、違反行為を防止するという行政目的を達成するために行政庁が違反事業者等に対して金銭的不利益を課す行政上の措置であり（機械保険連盟料率カルテル事件（最高裁判決平成17年9月13日））、図表5-4-1の違反行為類型を対象としている。課徴金額は、違反行為類型ごとに定められている算定基礎に、一定の算定率（課徴金算定率）を乗じて算出される。課徴金算定率は、行為類型等によって異なっており、図表5-4-1のとおりである。

[図表 5 - 4 - 1]　課徴金算定率

	原則	中小企業
不当な取引制限 支配型私的独占	10％	4％
排除型私的独占	6％	
共同ボイコット 差別対価 不当廉売 再販売価格維持行為	3％	
優越的地位の濫用	1％	

1　中小企業の軽減算定率

　課徴金算定率については、10％を原則としつつ、中小企業については、大企業に比べて一般に売上高に対する利益が相対的に小さくなっている実態からみて、同一企業グループ内のすべての事業者が中小企業である場合に、軽減算定率が適用される（同一企業グループに大企業が1社でもいる場合は、軽減算定率は適用されない）。中小企業に該当するかどうかは、違反行為に関する事業ではなく、その事業者の主たる事業がどの業種であるかによって判断される。中小企業の判断基準は、以下のとおり業種によって異なっている。

① 　製造業・建設業・運輸業その他の業種を主たる事業として営む者
　　・資本金の額または出資の総額が3億円以下の会社
　　・常時使用する従業員の数が300人以下の会社と個人
② 　卸売業を主たる事業として営む者
　　・資本金の額または出資の総額が1億円以下の会社
　　・常時使用する従業員の数が100人以下の会社と個人
③ 　サービス業を主たる事業として営む者
　　・資本金の額または出資の総額が5000万円以下の会社
　　・常時使用する従業員の数が100人以下の会社と個人

④　小売業を主たる事業として営む者

　　・資本金の額または出資の総額が 5000 万円以下の会社

　　・常時使用する従業員の数が 50 人以下の会社と個人

2　累犯加重

　不当な取引制限、または私的独占について課徴金の納付を命じる場合に、その違反行為についての調査開始日（立入検査の実施日）から遡って 10 年以内に、不当な取引制限または私的独占に係る課徴金納付命令を受けたことがある場合（完全子会社が納付命令を受けた場合等も含む）には、課徴金の算定率は 1.5 倍となる。

3　主導的役割

　不当な取引制限について課徴金の納付を命じる場合に、以下のいずれかに該当する事業者については、課徴金は 1.5 倍となる。

(1)　違反行為をすることを企て、かつ、他の事業者に対して、その違反行為をすること、またはやめないことを要求したり、依頼したり、唆すことによって、その違反行為をさせたり、やめさせなかった者（7 条の 3 第 2 項）

(2)　他の事業者の求めに応じて、継続的に他の事業者に対して、その違反行為に関する商品・役務の対価、供給量、購入量、市場占有率または取引の相手方について指定した者（7 条の 3 第 2 項）

(3)　上記(1)、(2)の者のほか、以下のいずれかに該当する行為であって、その違反行為を容易にすべき重要なものをした者（7 条の 3 第 2 項）

　ア　他の事業者に対して、その違反行為をすること、またはやめないことを要求したり、依頼したり、唆すこと

　イ　他の事業者に対して、その違反行為に関する商品・役務の対価、供給量、購入量、市場占有率、取引の相手方その他その違反行為の実行としての事業活動について指示すること（専ら自己の取引について指定することを除く）

　ウ　他の事業者に対して、公正取引委員会の調査の際にその違反行為に関する資料を隠蔽すること、仮装すること、または虚偽の事実の

報告や資料の提出をすることを要求したり、依頼したり、唆すこと

エ　他の事業者に対して、課徴金減免制度における事実の報告や資料の提出を行わないこと、または調査協力減算制度における協議の申出を行わないことを要求したり、依頼したり、唆すこと

4　除斥期間

違反行為の実行期間が終了した日から7年を経過したときは、公正取引委員会は、その違反行為について課徴金の納付を命じることができない。

5　罰金との調整

不当な取引制限と私的独占には刑事罰が設けられているため、同じ事業者に対して、課徴金の納付が命じられるとともに罰金が併せて科される場合があり得る。この場合には、そもそもの課徴金の額から罰金の額の2分の1を減らした額の課徴金の納付が命じられる。

---

5 - 5　違反事件の措置・課徴金の算定方法(カルテル・入札談合)

カルテル、入札談合などの不当な取引制限の課徴金の算定率は、5 - 4のとおりであり、その算定基礎は、違反行為の実行としての事業活動を行った日からその行為の実行としての事業活動がなくなる日までの期間(実行期間)における、違反行為者(違反行為者から指示や情報を受けた一定のグループ企業(完全子会社等)も含む)の一定の取引分野における「当該商品又は役務」の売上額(購入カルテルでは購入額。違反行為の対象となった商品または役務を供給しない見返りとしてその違反行為に係る商品または役務の供給に必要な業務(密接関連業務。たとえば違反対象物件の下請工事)などを行った場合に受け取る対価の額も含む)である(7条の2第1項1号から3号)。これに加えて、自ら受注しないこと等の見返りにもらう財産上の利益、いわゆる談合金等についてはその全額が課徴金の額となる(同項4号)。以上をまとめると、課徴金額＝(対象商品・役務の売上額または購入額＋密接関連業務の対価)×課徴金算定率＋財産上の利益(談合金

等）－課徴金減免制度による減免（5−7参照）、となる。

　不当な取引制限では、数か月後の値上げを合意したカルテルの場合、合意をしたときに違反行為が成立するが、それが実行されてカルテルの影響を受ける売上が生じる時点は数か月後となる。実行期間は、違反行為が行われた期間とは異なり、上記の例では、数か月後からであり、この実行期間が課徴金の算定対象期間となる。実行期間の始期は、たとえば、値上げカルテルであれば値上げの適用予定日、入札談合であれば合意後に最初に入札に参加した日が認定されることが多い。実行期間については、始期を調査開始日から最長10年前まで遡及して計算できることとなっており、売上額が不明な期間が生じる場合には、把握できた実行期間における売上額の日割平均額に推計対象期間を乗じる方法で把握できない期間の売上額を推計できることとなっている。

　「当該商品又は役務」は、違反行為の対象商品・役務の範ちゅうに属する商品・役務であって、相互拘束を受けたものをいう。具体的には、合意の対象である（相互拘束を受ける）商品・役務であって、合意の対象から明示的または黙示的に除かれる（相互拘束を受けていない）と考えられる特段の事情がある場合を除くものが「当該商品又は役務」である（東京無線タクシー協同組合事件（審判審決平成11年11月10日）、ポリプロピレンカルテル課徴金事件（東京高裁判決平成22年11月26日）等）。

　入札談合では、基本合意（第2章2−2参照）の対象となる商品または役務が特定されたとしても、各商品または役務について個別の入札が実施されるため、基本合意の成立によって発生した競争制限効果が当然に各商品・役務に及ぶとは必ずしも言い難いため、この場合の「当該商品又は役務」とは、基本合意の対象となった商品または役務全体のうち、基本合意に基づく受注調整等の結果、具体的な競争制限効果が発生するに至ったものをいう（ごみ焼却炉談合課徴金事件（東京高裁判決平成23年10月28日）、多摩談合事件（最高裁判決平成24年2月20日））。したがって、入札談合においては、個々の入札物件ごとに競争制限効果が及んでいるか否かが判断されることとなるが、この競争制限効果の認定に当たって

は、個々の入札物件ごとの調整の具体的な経緯等が明らかにされること
までは必要でなく、問題の入札物件の商品・役務がその入札談合の基本
合意の対象の範囲内であり、これについて、受注調整が行われたことが
認められれば、その個別の物件について、具体的な競争制限効果が発生
したものと認められる。また、事案によっては、個別の物件について、
受注調整が行われたことを直接裏付ける証拠がない場合であっても、そ
の物件が基本合意に基づく受注調整の対象から除外されたと認められる
ような特段の事情がない限り、基本合意に基づく受注調整の結果、具体
的な競争制限効果が発生したと推認される（上記の多摩談合事件、岩手県
建築工事談合事件（東京高裁判決平成 26 年 2 月 28 日））。

　個別物件について競争制限効果が及んでいたというためには、入札に
参加したすべての事業者が合意の参加者である必要はないし、受注すべ
き者（受注予定者）が 1 社に絞り込まれる必要もなく、また、不当に利益
を得ていたかどうかも関係ない。入札に違反行為者でない者が参加して
いた場合や、受注すべき者が 2 社にまで絞り込まれた結果 2 社が低価格
で入札に参加し、最低制限価格で受注したようなケースについても「当
該商品又は役務」に当たる（港町管理課徴金事件（東京高裁判決平成 21 年
10 月 2 日））。

　なお、事業者団体も課徴金納付命令の対象となるが、この場合、課徴
金は、事業者団体ではなく、構成事業者に課される。その算定基礎は、
個々の構成事業者の「当該商品又は役務」の売上高である。

5-6　違反事件の措置・課徴金の算定方法（優越的地位の濫用）

　優越的地位の濫用の課徴金の算定率は、5-4 のとおりであり、その算
定基礎は、違反行為期間における、違反行為の相手方との間の売上額ま
たは購入額である。違反行為が違反行為者の販売先に対するもの（販売
力を背景としたもの）である場合には売上額が、違反行為が違反行為者の

購買先に対するもの（購買力を背景としたもの）である場合には購入額が課徴金の算定基礎となる。他の行為類型の課徴金の算定基礎とは異なり、違反行為に関連して生じる売上額（購入強制により購入させた売上額や支払わせた協賛金の額）ではなく、違反行為者が違反行為を行っていたと認定された期間に、その違反行為の対象となった取引先との間での、その期間全体の取引額が算定基礎となる。

たとえば、小売業者による納入業者に対する押し付け販売であれば、納入業者に押し付けた商品の売上額ではなく、その小売業者が押し付け販売を行っていた期間（違反行為期間）中に、違反行為の対象となった納入業者から購入した商品の額である。

なお、継続してする優越的地位の濫用行為が課徴金の対象である。

優越的地位の濫用（2条9項5号）には、購入・利用強制、協賛金の収受等、取引先の従業員等の不当使用、受領拒否、不当な返品、支払遅延、不当な値引き、買いたたき等様々な行為類型があるが、実際には、様々な行為が混然として行われることが多く、これらが1つの行為と評価できるような場合には、全体として1つの違反行為期間が認定される。また、そうした優越的地位の濫用行為を一連の取引先を対象として行っていると評価される場合には、その事業者がそうした優越的地位の濫用行為を、ある取引先に対して行い始めてから、一連の取引先に対する行為をすべてやめるまでの期間が1つの違反行為期間となる。

この点について、ラルズ事件（東京高裁判決令和3年3月3日）によれば、「1個の違反行為につき相手方が複数ある場合における違反行為期間においては、一律に、始期である「当該行為をした日」とは、複数の相手方のうちいずれかの相手方に対して最初の当該行為をした日をいい、違反行為期間の終期である「当該行為がなくなる日」とは、複数の相手方の全ての相手方に対して当該行為が行われなくなった日をいうものと解するのが相当である」、「優越的地位の濫用行為において、独占禁止法2条9項5号所定の異なる行為類型に該当する行為がされている場合においても、違反行為を同号所定の異なる行為類型ごとに捉えるのではな

く、前記と同様に、当該濫用行為が事業者の方針に基づくものであり、役員等の指示に基づき組織的、計画的に、一連の行為として行われるときには、全体として1個の違反行為がされたものとして、一律に違反行為期間を認めるのが相当というべきである」[注]。

　したがって、たとえば、A社が購入先のa社に対して2年前から1年半前まで不当な返品をし、b社に対して1年前から半年前まで買いたたきをしていた場合、これらが組織的、計画的に一連のものとして実行されていると評価できる場合には、A社の違反行為期間は、2年前から半年前までの1年半であり、この間のa社からの購入額とb社からの購入額の合計額が課徴金算定の基礎である購入額となる。

　(注)　優越的地位の濫用の課徴金算定の基礎となる違反行為期間の考え方について、日本トイザらス事件（審判審決平成27年6月4日）を解説したものとして、山﨑恒・幕田英雄監修『論点解説　実務独占禁止法』255〜265頁（商事法務、2017）〔山口正行・黒澤莉沙〕参照。

5-7　違反事件の措置・課徴金減免制度・調査協力減算制度

　課徴金制度は、昭和52年の導入以後、その算定率が徐々に引き上げられたが、一方でカルテル・談合事件は、引き続き数多く発生し、違反を繰り返す事業者も相当数存在した。このような中で、自らの違反行為に関する事実について公正取引委員会に報告した事業者に対して課徴金額を免除または減額することにより、違反行為に関する情報を積極的に得られるようにすることを目的として、課徴金減免制度が平成17年の独占禁止法改正で導入され、平成18年に施行された。その後、令和元年の独占禁止法改正で調査協力減算制度が導入され、令和2年12月25日に施行されている。私的独占や不公正な取引方法など単独で行われる行為は、課徴金減免制度の対象ではない。具体的には、不当な取引制限とこれに当たる国際的な協定・契約、事業者団体による不当な取引制限に相当

調査開始	申請順位	申請順位に応じた減免率（課徴金減免制度）	協力度合いに応じた減算率（調査協力減算制度）	適用される減免率
前	1位	全額免除	—	全額免除
	2位	20％	最大40％	最大60％
	3〜5位	10％		最大50％
	6位以下	5％		最大45％
後	最大3社※	10％	最大20％	最大30％
	上記以下	5％		最大25％

※　公正取引委員会の調査開始日以後に課徴金減免申請を行った者のうち、減免率10％が適用されるのは、調査開始日前の減免申請者の数と合わせて5社以内である場合に限る。

する行為が対象である。

　課徴金が減額される場合と適用される減免率は、図表5-7-1のとおりである。申請順位に応じた減免率に事業者の実態解明の協力度合いに応じた減算率が付加されて適用される減免率が決まる。課徴金減免申請を行う手続は、課徴金減免規則（課徴金の減免に係る報告及び資料の提出に関する規則（令和2年公取委規則第3号））の定めるところに従って行われるとともに、調査協力減算制度の手続については、「調査協力ガイドライン（調査協力減算制度の運用方針（令和2年公取委））」が示されている。

　令和2年12月に施行された調査協力減算制度が初めて適用されたのは、国立病院機構発注（九州エリア）医薬品入札談合事件（排除措置命令・課徴金納付命令令和5年3月24日）である。

1　手続の流れ

① 　課徴金減免申請（事業者→公正取引委員会）

　　減免申請は電子メールによって行われる。

② 　課徴金減免申請を受けた旨の通知（公正取引委員会→事業者）

③ 　協議の申出（事業者→公正取引委員会）

④ 　協議手続（事業者・公正取引委員会）

事業者は調査協力減算制度における報告等の内容について説明する。協力の内容には、公正取引委員会からの追加報告等の求めに応じることを必ず盛り込まなければならない。

　　公正取引委員会は、説明を受けて減算率を提示する。

⑤　合意（事業者・公正取引委員会）

　　課徴金減免制度における報告等の内容を含め、事業者が合意時点までに把握している事実等を評価して、合意において定める特定の減算率（特定割合）を適用する合意（特定割合についての合意）を行うか、事業者が合意後に新たに把握し、公正取引委員会に報告等した事実等を評価して、合意において定める上限と下限の範囲内で、公正取引委員会が決定する減算率（評価後割合）を適用する合意（上限と下限についての合意）を行う。調査期間を通じた協力の内容が減算率に反映されることは、事業者にとっても有益と考えられることから、公正取引委員会は通常、上限と下限についての合意の求めを行うことになるとされている。

⑥　協力の履行（事実の報告・資料の提出）（事業者）、減算率の決定（公正取引委員会）

　　事業者は、合意した協力内容を、合意で定めた期限までに履行する。公正取引委員会は、事業者の報告等の内容について事件の真相の解明にする程度を評価して、減算率を決定し（後記2を参照）、適用する。

⑦　意見聴取の通知・課徴金納付命令（公正取引委員会）

　　課徴金納付命令の報道発表で、課徴金減免制度の適用を受けた事業者名と、免除の事実または減額の率が公表される。

2　評価における考慮要素・減算率の決定

　特定割合と評価後割合は、事業者が行った報告等の内容による事件の真相の解明に資する程度に応じて判断される。事件の真相の解明に資する程度を評価するに当たっては、事件の真相の解明の状況を踏まえつつ、事業者が行った報告等の内容が、①具体的かつ詳細であるか否か（具体

[図表 5 - 7 - 2] 事件の真相の解明に資する程度に応じた減算率

調査開始日前	調査開始日以後	事件の真相の解明に資する程度
40 %	20 %	高い（すべての要素を満たす）
20 %	10 %	中程度である（2 つの要素を満たす）
10 %	5 %	低い（1 つの要素を満たす）

的かつ詳細）、②「事件の真相の解明に資する事項」^(注)について網羅的か否か（網羅的）、③当該事業者が提出した資料により裏付けられているか否か（裏付け）の各要素を満たしているか否かが考慮される。

　減算率は、3 つの「評価における考慮要素」（①具体的かつ詳細、②網羅的、③裏付け）を満たした個数に応じた 3 段階（高い、中程度、低い）で定められ、調査開始日前、調査開始日以後、事件の真相の解明に資する程度に応じて、図表 5 - 7 - 2 のとおり、定められることとなっている。

　(注)　「事件の真相の解明に資する事項」については、違反行為に係る事項として、「違反行為の対象となった商品又は役務」、「違反行為の態様」、「違反行為の参加者」、「違反行為の時期」、「違反行為の実施状況」、「その他違反行為に係る事項」が挙げられており、課徴金に係る事項として、「課徴金額の算定の基礎となる額」、「課徴金額の算定率」が挙げられている。

3　判別手続

　令和元年の独占禁止法改正により導入された新たな課徴金減免・調査協力減算制度をより機能させる等の観点から、公正取引委員会の行政調査手続において提出を命じられた、課徴金減免対象被疑行為に関する法的意見について事業者と弁護士との間で秘密に行われた通信の内容を記録した物件で、適切な保管がされていること等の要件を満たすことが確認されたものは、審査官がその内容に接することなく還付する手続（判別手続）が整備されている。判別手続については、「判別手続ガイドライン（事業者と弁護士との間で秘密に行われた通信の内容が記録されている物件の取扱指針（令和 2 年公取委））」が示されている。

4　課徴金以外との関係

　不当な取引制限を行った事業者は、本来、刑事罰を科される可能性があり、不当な取引制限の罪は、公正取引委員会の告発を待ってこれを論じることとされている（96条1項）が、公正取引委員会が公表している「告発基準」（5-10参照）で、調査開始前に最初に課徴金減免申請を行った事業者は、刑事告発しないこととするとの方針が明らかにされている。

　また、公共調達事案においては、公正取引委員会が行った処分を受けて、発注者は、多くの場合、指名停止を行う。発注者の指名停止は、国の官公庁や各地方自治体がそれぞれのルールを定めているが、課徴金減免制度との関係では、中央公共工事契約制度運用連絡協議会が作成しているモデルで、課徴金減免制度の適用を受けた事業者として公正取引委員会が公表した者については、原則として、指名停止の期間を減免申請を行わなかった場合に比べて半分とすることとしている。これを踏まえ、各地方自治体においても、同様または類似の課徴金減免申請者に対する指名停止の緩和要件を定めていることが多い。

5-8　違反事件の措置・確約手続

　競争法の違反の疑いについて、競争当局と事業者との合意により解決する手続が諸外国では以前から導入されていたが、日本においても、環太平洋パートナーシップ協定（TPP協定）を契機として、公正取引委員会と事業者との間の合意により事件を解決する仕組み（確約手続）が導入されることとなった（平成30年12月30日から施行）。確約手続については、同手続に係る必要な事項を規定した「公正取引委員会の確約手続に関する規則」（平成29年公取委規則第1号）と、確約手続に係る法運用の透明性および事業者の予見可能性を確保する観点から、確約手続の考え方を明確化するなどした「確約手続に関する対応方針」（平成30年公取委）が定められている。

[図表5-8-1]　確約手続の概要

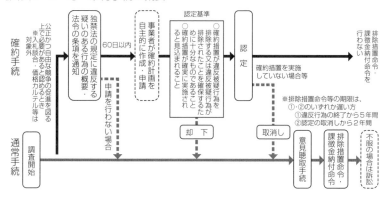

　確約手続の流れは図表5-8-1のとおりである。

　まず、公正取引委員会は、必要な調査を行った上で、独占禁止法に違反する事実があると思料する場合に、その疑いの理由となった行為について、公正かつ自由な競争の促進を図る上で必要があると認めるときは、その行為をしている者（違反被疑事業者）に対し、その行為の概要と違反する疑いのある法令の条項等を書面により通知する。入札談合、価格カルテル等のハードコア・カルテル、過去10年以内に行った違反行為と同一（繰り返し）の違反被疑行為や刑事告発相当の悪質かつ重大な違反被疑行為は、確約手続の対象から除かれている（確約手続に関する対応方針（平成30年公取委））。

　通知を受けた者（被通知事業者）は、疑いの理由となった行為を排除するために必要な措置（確約措置）を自ら策定し、実施しようとするときは、その実施しようとする措置に関する計画（確約計画）を作成し、これを通知の日から60日以内に公正取引委員会に提出して、その認定を申請する（確約認定申請）。

　申請があった場合、公正取引委員会は、その措置が、疑いの理由となった行為を排除するために十分なもの（措置内容の十分性）であり、かつ、確実に実施されると見込まれる（措置内容の確実性）と認めるときは、そ

の計画を認定し、要件のいずれかに適合しないと認めるときは、その計画を却下する。

　この計画の認定を受けた場合、その認定に係る疑いの理由となった行為や確約措置に係る行為については、排除措置命令・課徴金納付命令は行われないこととなる。ただし、公正取引委員会は、この計画に従って確約措置が実施されていないと認めるときや、認定を受けた者が虚偽や不正の事実に基づいて認定を受けたことが判明したときは、認定を取り消すこととなる。

　確約手続については、令和2年9月に、優越的地位の濫用の疑いについてアマゾンジャパンから申請のあった確約計画（納入業者に対する金銭的価値の回復（約20億円）を含む）が認定されるなど、活用されている状況にある。

5-9　違反事件の措置・警告・注意

1　警告

　公正取引委員会は、違反行為を認定して排除措置命令を行うまでには至らない場合であっても、独占禁止法の規定に違反するおそれのある行為があるか、あった場合に、その行為を行った事業者や事業者団体に対して、その行為の取りやめや、その行為を再び行わないようにすることなどを指示することがある。この指示を「警告」という（審査規則（公正取引委員会の審査に関する規則（平成17年公取委規則第5号））26条）。この警告は、行政処分ではなく、行政指導に当たる。

　警告は、文書によって行う。警告書には、警告の趣旨と内容が示される（審査規則26条）。警告の「趣旨」には、警告の名宛人が行った行為を記載する。警告の「内容」では、その行為の取りやめや、再び行わないようにするといった公正取引委員会が求める内容が記載される。

2 注意

　上記の警告のほか、公正取引委員会は、独占禁止法に違反するおそれのある行為とまではいえないものの、将来的に独占禁止法違反につながるおそれがあると認められる場合に、その行為が独占禁止法違反行為につながるおそれがあることを迅速に伝え、独占禁止法違反行為が行われることを未然に防止することを目的として、注意をすることがある。

　注意は口頭で行われることが多い。特に、不当廉売や優越的地位の濫用等では、迅速に処理することで違反行為を未然に防止するため、注意による事案の処理が積極的に活用されている。

---

5 - 10　違反事件の措置・刑事罰

1　犯則調査手続・告発

　公正取引委員会は、5 - 1 から 5 - 9 の行政調査に加えて、カルテル、私的独占等の特定の違反行為で刑事告発を念頭に置いた審査を行う必要がある場合には、独占禁止法第 12 章の規定に基づく犯則調査手続を用いることができる。犯則調査手続は、刑事告発につながる調査であり、この調査を行う事件を犯則事件という。犯則事件の調査をするため必要があるときは、裁判官があらかじめ発する許可状（一般に「令状」と言われているもの）により、臨検、捜索や差押え（直接強制）をすることができる（102 条 1 項）。また、犯則嫌疑者や参考人に対して出頭を求め、質問し、犯則嫌疑者等が所持等する資料を検査することができる。

　犯則事件は、89 条から 91 条までの罪に係る事件であるが、すべての事件で刑事告発が行われるものではない。公正取引委員会がどのような事件を積極的に刑事告発していくかについては、告発方針（独占禁止法違反に対する刑事告発及び犯則事件の調査に関する公正取引委員会の方針（平成 17 午公収委））が公表されており、公正取引委員会は、以下の事案について、積極的に刑事処分を求めて告発を行う方針である。

(1) 一定の取引分野における競争を実質的に制限する価格カルテル、供給量制限カルテル、市場分割協定、入札談合、共同ボイコット、私的独占その他の違反行為であって、国民生活に重大な影響を及ぼすと考えられる悪質かつ重大な事案

(2) 違反を反復して行っている事業者・業界、排除措置に従わない事業者等に係る違反行為のうち、公正取引委員会の行う処分によっては独占禁止法の目的が達成できないと考えられる事案

　さらに、告発方針によれば、調査開始日前に最初に課徴金減免申請を行った事業者と、その役員・従業員等であってその事業者と同様に評価すべき事情が認められる者については、刑事告発を行わない。

　刑事告発を行った後、通常、公正取引委員会は、さらに行政調査手続に基づいて必要な調査を行い、排除措置命令と課徴金納付命令を行う。行政調査権限に基づいて収集した証拠を犯則調査手続で直接用いることはできないが、犯則調査手続に基づいて収集した証拠を行政調査手続において用いることは可能である。

2　刑事罰

　刑事罰の対象となる行為としては、まず上記の犯則事件の対象となる89条から91条までの罪があり、以下の刑事罰に処することとされている。これらの罪は公正取引委員会の告発を待ってこれを論じる（96条）（公正取引委員会の専属告発）ことになっている。

　犯則事件以外の罪としては、届出義務違反（91条の2）、宣誓した参考人または鑑定人による虚偽の陳述・鑑定（94条）等が定められているが、図表5-10-2の検査妨害の罪は、特に重要である。

根拠条文	行為	刑事罰
89 条	私的独占または不当な取引制限をした者	5 年以下の懲役または500 万円以下の罰金。法人については、5 億円以下の罰金（95 条）（両罰規定）
	一定の取引分野における競争を実質的に制限した者	
90 条	不当な取引制限に該当する事項を内容とする国際的協定または国際的契約をした者	2 年以下の懲役または300 万円以下の罰金
	一定の取引分野における事業者数の制限または構成事業者の活動制限をした者	
	確定した排除措置命令または競争回復命令に従わない者	
91 条	銀行または保険会社の株式保有制限に違反した者	1 年以下の懲役または200 万円以下の罰金

※　89 条～91 条の違反の計画や行為を知りながら、その防止・是正に必要な措置を講じなかった法人の代表者や事業者団体の理事等にも、図表 5 - 10 - 1 の罰金刑が科される（95 条の 2、95 条の 3）（三罰規定）。

　独占禁止法に定める罪に係る告発は、公正取引委員会から検事総長に対して行い（74 条 1 項・2 項）、この告発に対して公訴を提起しない処分をしたときは、検事総長は遅滞なく法務大臣を経由してその旨とその理

[図表 5 - 10 - 2]　検査妨害の刑事罰

根拠条文	行為	刑事罰
94 条	出頭命令、報告命令違反および虚偽の陳述・報告	1 年以下の懲役または300 万円以下の罰金。法人については、2 億円以下の罰金（95 条）（両罰規定）
	検査拒否、検査妨害	

由を、文書をもって内閣総理大臣に報告しなければならない（74条3項）。

3　合意制度

「証拠収集等への協力及び訴追に関する合意制度」は、刑事訴訟法の改正によって導入され、平成30年6月1日から施行されている。

この合意制度は、一定の財政経済関係犯罪等について、弁護人の同意がある場合に、被疑者・被告人が、共犯者等の他人の刑事事件の解明に資する真実の供述をしたり、証拠物を提出するなどの協力行為を行い、これを受け、検察官が、被疑者・被告人の事件において、その協力行為を被疑者・被告人に有利に考慮して、不起訴にしたり、一定の軽い求刑をするなどの取扱いをすることを内容とする合意を検察官と被疑者・被告人がすることができるものである（刑事訴訟法350条の2等）。

独占禁止法の罪は、この合意制度の対象である財政経済関係犯罪の1つである。

5-11　違反事件の措置・民事訴訟

独占禁止法違反行為の被害者について、その被害を救済するとともに、違反行為の効果的な抑止を図るため、独占禁止法では、違反行為を行った者の無過失損害賠償責任を定める（25条）とともに、不公正な取引方法によってその利益を侵害され、または侵害されるおそれがある者による差止請求権を定めている（24条）。

1　無過失損害賠償義務

3条（不当な取引制限）、6条（不当な取引制限に相当する国際契約）または19条（不公正な取引方法）に違反する行為を行った事業者と8条に違反する行為を行った事業者団体には、被害者に対する損害賠償義務があり、故意や過失がないことを理由としてその義務を免れることができない（25条）。不法行為を原因とする損害賠償義務は、通常、故意や過失がある場合に生じるが、独占禁止法違反行為が排除措置命令等により確定

した場合には、原告は、裁判で損害賠償を請求するに当たって、故意や過失があることを立証する必要はない（26条）。また、行為と損害の間に因果関係が存在する限り、直接の需要者だけでなく、間接的な需要者も「被害者」に当たる（石油価格協定損害賠償請求事件（鶴岡灯油訴訟）（最高裁判決平成元年12月8日））。この25条に基づく損害賠償請求訴訟の第一審は、東京地方裁判所である（85条の2）。損害の発生等の事実については、原告側が立証するのが民事訴訟法上の原則であるが、民事訴訟法248条によれば、損害額については弁論の全趣旨から裁判所がこれを決定することができる。

　また、確定した排除措置命令がない場合であっても、独占禁止法違反行為が民法上の不法行為（民法709条）に当たるとして損害賠償請求訴訟を提起することができる（石油価格協定損害賠償請求事件（鶴岡灯油訴訟）（最高裁判決平成元年12月8日））。

2　差止請求権

　不公正な取引方法（19条）と事業者団体が不公正な取引方法をさせる行為（8条5号）によって、その利益を侵害され、または侵害されるおそれがある者は、これにより著しい損害が生じ、または生ずるおそれがあるときは、行為者である事業者または事業者団体に対してその侵害の停止または予防を求めることができる（24条）。

　差止請求訴訟は25条に基づく損害賠償請求訴訟と異なり、通常の民事訴訟の管轄となる地方裁判所に加え、東京地方裁判所または高等裁判所所在地の地方裁判所に訴えを提起することができる（84条の2）。

　差止請求訴訟の対象が不公正な取引方法に限定されているのは、不公正な取引方法は、当事者にとって違反行為の立証が比較的容易であり、かつ特定の私人に被害が発生することが多く差止請求訴訟になじみやすいためである。また、「著しい損害を生じ、又は生じるおそれがあるとき」という規定は、不法行為による被害者の救済は金銭賠償が原則とされていることや、他の差止請求制度との均衡も考慮して定められたものである。この点について、ヤマト運輸郵政公社事件（東京高裁判決平成19年

11月28日）によれば、24条にいう「著しい損害」は、一般に差止請求を認容するには損害賠償請求を認容する場合よりも高度の違法性を要するとされていることを踏まえつつ、不正競争防止法等他の法律に基づく差止請求権との均衡や過度に厳格な要件を課した場合は差止請求の制度の利用価値が減殺されることにも留意しつつ定められたものであって、たとえば、その事業者が市場から排除されるおそれがある場合や新規参入が阻止されている場合等独占禁止法違反行為によって回復し難い損害が生じる場合や、金銭賠償では救済として不十分な場合等がこれに該当する。

　この24条に基づく差止めが、本案訴訟において認められたケースとして神鉄タクシー事件（大阪高裁判決平成26年10月31日）[注]がある。

　神鉄タクシー事件では、「著しい損害」について、①被告は、競争関係にある事業者から、駅前タクシー待機場所においてタクシー利用者と旅客自動車運送契約を締結する機会を完全に奪ったものであり、今後も同機会をほぼ完全に奪うことが予想され、これは、公正かつ自由な競争を促進するという独占禁止法の目的・理念を真っ向から否定するものであり、また、②その手段としても、競争事業者が利用者を乗せて発進することを妨害するという物理的な実力を組織的に用いるというものであることから、このような損害の内容、程度、独占禁止法違反行為の態様等を総合勘案すると、競争事業者が被告の独占禁止法19条違反行為によって利益を侵害され、侵害されるおそれがあることによって生じる損害は著しいものというべきとの考え方が示されている。

　また、公正取引委員会は、差止請求訴訟が提起されたときは、裁判所の許可を得て、裁判所に対し、その事件に関する独占禁止法の適用その他の必要な事項について、意見を述べることができる（79条3項）が、飲食店ポータルサイトの運営会社の評点を算出するアルゴリズムの変更について優越的地位の濫用等に該当するとして差止請求訴訟が提起された食べログ事件（東京地裁判決令和4年6月16日）で初めて意見を提出した。

第6章 企業結合規制

6-1 企業結合規制とは

　「企業結合」とは、株式取得・所有、役員兼任、会社以外の者の株式取得・所有、合併、共同新設分割・吸収分割、共同株式移転、事業譲受け等である。一般には、M & A（エムアンドエー。Merger & Acquisition の略称）とも呼ばれている。

　独占禁止法（第4章）は、一定の取引分野における競争を実質的に制限することとなる企業結合を禁止している。このように競争制限的な企業結合を禁止する規制が「企業結合規制」である。

[図表6-1-1]　企業結合規制の概要

株式保有、役員兼任、合併、分割、共同株式移転、事業譲受け等（企業結合）

企業結合のうち、一定の基準を満たすもの

事前届出の義務付け(30日前)

| 企業結合により | 一定の取引分野における | 競争を実質的に制限することとなる場合 |

企業結合の禁止

※ただし、独占禁止法上の問題を解消する措置が採られる場合には問題なしと判断される

独占禁止法の関係条文
第10条：会社の株式保有の制限　　第15条の2：分割の制限
第13条：役員兼任の制限　　　　　第15条の3：共同株式移転の制限
第14条：会社以外の者の株式保有の制限　第16条：事業の譲受け等の制限
第15条：合併の制限

一定の基準を満たす企業結合については、それを実行する前に、公正取引委員会に届け出なければならない（事前届出）。

　公正取引委員会に届け出られた企業結合は、その企業結合によって「一定の取引分野における競争を実質的に制限することとなる」か否かが判断される。このような企業結合に関する審査が「企業結合審査」である。

　事前届出という仕組みになっているのは、企業結合が行われた後に、独占禁止法上の問題があること（その企業結合によって、一定の取引分野における競争を実質的に制限することとなること）が分かったとしても、その時点で企業結合前の状態に戻すことには困難があるからである。このような事前届出という仕組みは、諸外国においても同様である。

　それでは、なぜ「一定の取引分野における競争を実質的に制限することとなる」企業結合を禁止する必要があるのか。

[図表6-1-2]　競争制限のイメージ（水平型企業結合）

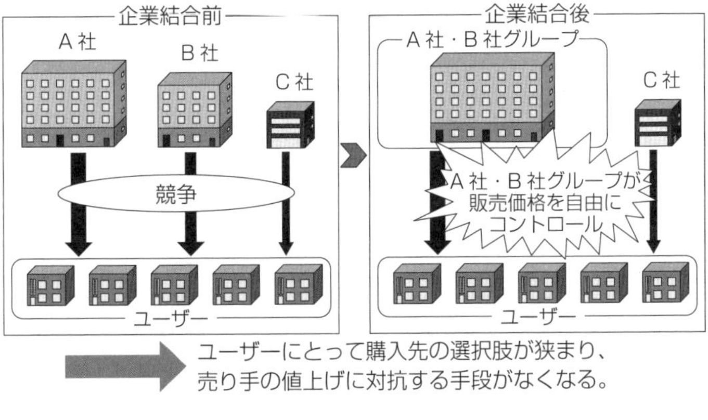

　たとえば、図表6-1-2の「企業結合前」のように、A社とB社とC社が、ある商品について、より多くの顧客を獲得しようと競争をしている場合に、A社とB社が企業結合を行い、一体となって行動することになると（同図表の「企業結合後」）、A社とB社のグループのその商品の販売量に比べて、C社の販売量がわずかであるときには、A社とB社のグ

ループがその販売価格を引き上げても、ユーザー（買手）は、購入先をC社に替えることは難しい（C社からの競争圧力が十分でない）。この結果、A社とB社のグループは、その商品の販売価格を自由にコントロールする（販売価格を引き上げる）ことができるようになるため、ユーザー（買手）は、競争による利益が得られなくなってしまう。このような企業結合は、「一定の取引分野における競争を実質的に制限することとなる」と判断される。

公正取引委員会は、企業結合審査を行う際の考え方を企業結合ガイドライン（企業結合審査に関する独占禁止法の運用指針（平成16年公取委））で明らかにしている。

また、企業結合審査に関する手続について、企業結合ガイドラインとは別に、手続対応方針（企業結合審査の手続に関する対応方針（平成23年公取委））が出されている。

6-2 企業結合審査の流れ

企業結合審査は、図表6-2-1のフローチャートの流れで進められる。

企業結合審査では、まず、その企業結合が審査の対象となるかどうかを検討する。

企業結合ガイドライン（第1の冒頭部分）によれば、企業結合規制は、複数の企業が株式保有、合併等により一定程度または完全に一体化して事業活動を行う関係（結合関係）が形成・維持・強化されることによって、市場構造が非競争的に変化して、一定の取引分野における競争に何らかの影響を及ぼすことに着目して規制するものであることから、複数の企業間で株式保有や役員兼任が行われても、それら複数の企業が引き続き独立の競争単位として事業活動を行うとみられる場合などには、市場における競争への影響はほとんどなく、独占禁止法上問題となることは想定しがたい。すなわち、企業結合によって「結合関係」が形成・維持・

[図表6-2-1] 企業結合審査のフローチャート

①対象行為が企業結合審査の対象となるかどうか

②一定の取引分野の画定

③画定された一定の取引分野ごとに競争を実質的に 制限することとなるかどうかを判断 （セーフハーバー基準に該当しないものについて検討）

単独行動による競争の実質的制限	協調的行動による競争の実質的制限

④競争を実質的に制限することとなる場合、問題解消措置を検討

強化される場合には企業結合審査の対象となり、企業結合が行われても、それら企業が引き続き独立した競争単位として事業活動を行うとみられる場合は企業結合審査の対象とはならない。

　企業結合審査の対象は、「会社」である。日本企業だけでなく、外国企業も企業結合審査の対象である。

　上記のとおり、企業結合規制は、「結合関係」が形成・維持・強化されることによって、市場構造が変化することによる競争への影響に着目しているため、株式取得・所有については、次の2つの場合に企業結合審査の対象となる（企業結合ガイドライン第1の1(1)）。

　たとえば、会社Aが会社Bの株式を取得する場合に、会社A（株式取得会社）の属するグループ（企業結合集団（10条2項））に属する会社等による会社B（株式発行会社）の議決権の保有割合が

　①　50％を超える場合

　②　20％を超え、かつ、その割合の順位が1位となる場合

である。

　合併の場合は、複数の会社が1つの法人として一体となるので、最も

強固な結合関係が形成される。このため、そのほとんどが企業結合審査の対象となる。

　なお、公正取引委員会にあらかじめ届け出る必要のない企業結合であっても、買収の対価の総額が大きく、かつ、国内の需要者に影響を与えると見込まれる場合、公正取引委員会は、当事会社に資料などの提出を求め、企業結合審査を行う（手続対応方針 6 (2)）。たとえば、エムスリー㈱による㈱日本アルトマークの株式取得（令和元年度における主要な企業結合事例について（公取委報道発表令和 2 年 7 月 22 日）【事例 8】）は、公正取引委員会への事前届出を要するものではなかったが、競争が制限される懸念があったことから、公正取引委員会は企業結合審査を行った（この事例については、6 - 7 参照）。

6 - 3　一定の取引分野

　ある企業結合が企業結合審査の対象になると判断されると、次は、「一定の取引分野」を検討する。

　「一定の取引分野」は、企業結合によって競争が制限されることとなるか否かを判断するための範囲を示すものであり、競争が行われる場、すなわち「市場」である。

　一定の取引分野（市場）は、①一定の取引の対象となる商品・役務の範囲（商品範囲）と、②取引の地域の範囲（地理的範囲）の 2 つで決まる。一定の取引分野（市場）の範囲を決めることを「市場画定」という。

　商品範囲と地理的範囲は、基本的には、需要者にとっての代替性という観点から判断される。また、必要に応じて供給者の代替性という観点も考慮される。

　企業結合ガイドライン（第 2 の 1）によれば、需要者にとっての代替性をみるに当たっては、ある地域において、ある事業者が、ある商品を独占して供給していると仮定した場合に、その事業者（独占事業者）が、利

潤最大化を図る目的で、その商品をその地域で、小幅ではあるが実質的であり、かつ一時的ではない価格引上げをした場合に、需要者がその商品の購入を他の商品や他の地域に振り替える程度を考慮する。

「小幅ではあるが実質的であり、かつ一時的ではない価格引上げ」とは、通常、引上げ幅については5%から10%程度、期間は１年程度のものを指す。

価格ではなく品質等を手段として競争が行われているような場合、たとえば、インターネットを通じて、音楽、映像などを配信するデジタルサービスなどの場合には、ある地域におけるある商品の品質などが悪化したときに、または、ある地域においてある商品の提供を受けるに当たり需要者が負担する費用が上昇したときに、その商品や地域について、需要者がその商品の購入を他の商品または地域に振り替える程度を考慮することがある。

供給者にとっての代替性については、上記の独占事業者がその商品をその地域で、小幅ではあるが実質的であり、かつ一時的ではない価格引上げをした場合に、他の供給者が多大な追加的費用やリスクを負うことなく、短期間（１年以内を目途）のうちに、別の商品からその商品に、または別の地域からその地域に、製造・販売を転換する可能性の程度を考慮する。

インターネットなどを用いるデジタルサービスの場合、第三者にサービスの「場」を提供し、そこに異なる複数の需要者層が存在する多面市場を形成するプラットフォームが企業結合審査の対象となる場合がある。そのような場合は、基本的に、それぞれの需要者層ごとに一定の取引分野を画定し、多面市場の特性を踏まえて企業結合が競争に与える影響について判断する。

一定の取引分野は、取引実態に応じ、ある商品の範囲（または地理的範囲等）について成立すると同時に、それより広い（または狭い）商品の範囲（または地理的範囲等）についても成立するというように、重層的に成立することがある。たとえば、プラットフォームが異なる需要者層の取

引を仲介し、いわゆる「間接ネットワーク効果」が強く働くような場合には、それぞれの需要者層を包含した1つの一定の取引分野を重層的に画定するときがある。

「間接ネットワーク効果」が働く場合とは、たとえば、プラットフォームを通じた多面市場において、企業結合後に当事会社グループが一方の市場における一定数の需要者を確保すること自体により、もう一方の市場における商品の価値が高まり、その結果当事会社グループのもう一方の市場における競争力が高まるような場合のことである。

また、当事会社グループが多岐にわたる事業を行っている場合には、それらの事業すべてについて、取引の対象となる商品の範囲と地理的範囲をそれぞれ画定していくこととなる。

① 商品（役務）範囲の画定

商品範囲は、上記のとおり、基本的には、需要者からみた商品の代替性という観点から画定される。商品の代替性の程度は、その商品の効用等の同種性の程度であり、その判断については、商品の内容・品質、価格・数量の動き、需要者の認識といった点が考慮される。

商品の内容・品質が考慮される場合、その商品が「財」であるときは、外形的な特徴（大きさ・形状など）、物性上の特性、品質、技術的な特徴などを考慮して判断される。また、小売業・サービス業といった役務(サービス)であるときは、取扱商品のカテゴリー、品質、利便性（品揃え・営業時間・店舗面積）などを考慮して判断される。インターネットを通じて、音楽、映像などを配信するようなデジタルサービスであるときは、利用可能なサービスの種類・機能といった内容面の特徴（利用可能なサービスの種類・機能）、品質（音質・画質・通信速度・セキュリティレベル）、利便性（使用可能言語・使用可能端末）などを考慮して判断される。

上記のとおり、異なる複数の需要者層が存在する多面市場の場合、需要者層ごとに商品の範囲を画定する。

たとえば、それぞれのグループ会社がコード決済サービスを提供するZホールディングス社とLINE社の経営統合に関する企業結合審査では、

コード決済サービスは「消費者」と「加盟店」という2つの異なる需要者層に対してサービスを提供する多面市場（2面市場）であることから、「消費者を需要者としたコード決済事業」と「加盟店を需要者としたコード決済事業」の2面が画定された（Zホールディングス株式会社及びLINE株式会社の経営統合に関する審査結果について（公取委報道発表令和2年8月4日））。

② 地理的範囲

地理的範囲も商品の範囲と同様に、基本的に、需要者からみた各地域で供給される商品の代替性という観点から判断される。各地域で供給される商品の代替性は、需要者が、通常どの範囲の地域の供給先からその商品を購入することができるかという観点から判断できることが多い。たとえば、事業者間で「財」が取引されるときは、その「財」について需要者の買い回る範囲や供給者の販売網といった事業地域などが考慮される。小売業・サービス業であるときは、主に需要者が買い回る範囲が考慮される。デジタルサービスのときは、需要者が同一条件・内容・品質などで供給者からサービスを受けることができる範囲やサービスが普及している範囲などが考慮される。

地理的範囲は、必ずしも日本国内で画定されるとは限らない。企業結合ガイドライン（第2の3(2)）によれば、ある商品について、内外の需要者が内外の供給者を差別することなく取引しているような場合には、日本において価格が引き上げられたとしても、日本の需要者が海外の供給者にもその商品の購入を代替し得るために、日本における価格引上げが妨げられることもあり得るので、このような場合には、国境を越えて地理的範囲が画定される。

たとえば、内外の主要な供給者が世界中の販売地域で実質的に同等の価格で販売していて、需要者が世界各地の供給者から主要な調達先を選定しているような場合は、世界市場が画定され得る。

「世界市場」が地理的範囲として画定された事例としては、今治造船㈱及び日立造船㈱による大型舶用エンジン事業に係る共同出資会社の設立

（令和 4 年度における主要な企業結合事例について（公取委報道発表資料令和
5 年 6 月 28 日）【事例 6】）がある。この事例では、フェリーを除く商船の
需要者は、船舶を発注する際には、造船会社が所在する国や地域を考慮
することなく、複数の造船会社から見積りをとった上で発注する造船会
社を選定し、国内外の造船会社を区別することなく取引していることな
どから「世界市場」が地理的範囲として画定された。

　また、地理的範囲は、取引実態に応じて「日本全国」と画定されるこ
ともあれば、「日本全国」より狭い範囲で画定されることもある。

　たとえば、日清製粉㈱による熊本製粉㈱の株式取得（令和 4 年度におけ
る主要な企業結合事例について（公取委報道発表資料令和 5 年 6 月 28 日）【事
例 1】）では、需要者が原則として自社工場に近い製粉会社から小麦粉を
調達している実態にあることや、小麦粉の販売価格に占める輸送費の割
合が小さくないことなどから、「九州地区」が地理的範囲として画定され
た。

　また、イオン㈱による㈱フジの株式取得（令和 3 年度における主要な企
業結合事例について（公取委報道発表資料令和 4 年 6 月 22 日）【事例 9】）で
は、ドラッグストア業に関し、事業者間の競争が店舗ごとに行われてい
ることなどを考慮して「店舗から半径 2 km」が地理的範囲として画定さ
れた。

6-4　水平型企業結合での競争の実質的制限

　企業結合審査の対象となる企業結合について、一定の取引分野（市場）
が画定されると、次は、その企業結合が一定の取引分野における競争を
実質的に制限することとなるか否かを検討する。

1　「競争を実質的に制限することとなる」場合

　「競争を実質的に制限する」については、「競争を実質的に制限すると
は、競争自体が減少して、特定の事業者又は事業者集団がその意思で、

ある程度自由に、価格、品質、数量、その他各般の条件を左右することによって、市場を支配することができる状態をもたらすこと」(東宝・新東宝事件(東京高裁判決昭和28年12月7日))であり、また、「こととなる」は、企業結合によって、競争の実質的制限が必然ではないが容易に現出し得る状況がもたらされることで足りるとする蓋然性を意味する(企業結合ガイドライン第3の1)。

　不当な取引制限の禁止(カルテル規制)などとは異なり、企業結合規制は、企業結合が行われた後に予想される市場の状況に基づいて(将来の蓋然性を予測して)判断するものなので、企業結合審査では、計画されている企業結合によって、上記のような状態がもたらされるかどうか、すなわち、一定の取引分野における競争を実質的に制限することとなるか否かを審査する。

　もっとも、「一定の取引分野における競争を実質的に制限することとなる」企業結合であっても、企業結合を行おうとする会社(当事会社)が、一定の取引分野における競争を実質的に制限することとならないための措置(問題解消措置)を採れば、その企業結合は行うことができる(6-7参照)。この点も、不当な取引制限の禁止などとは異なる。

2　企業結合の形態

　企業結合が一定の取引分野における競争を実質的に制限することとなるか否かを検討する際の枠組みや判断要素は、①水平型企業結合、②垂直型企業結合、③混合型企業結合のいずれに当たるかによって異なる。

①　水平型企業結合

　水平型企業結合は、同一の市場で競争関係にある会社間での企業結合である。たとえば、同一の商品範囲にある商品を製造販売している会社間で合併が行われる場合がこれに当たる。水平型企業結合は、その商品の市場における競争単位、つまり会社の数が減少するので、競争に与える影響が直接的で、垂直型企業結合や混合型企業結合よりも、一定の取引分野における競争を実質的に制限することとなる可能性が高い。

② 垂直型企業結合

垂直型企業結合は、取引段階を異にする会社間の企業結合である。たとえば、部品メーカーとメーカー、メーカーと販売会社といった関係にある会社間の企業結合がこれに当たる。

③ 混合型企業結合

混合型企業結合は、異業種に属する会社間の合併や、一定の取引分野の地理的範囲を異にする会社間の合併など、水平型企業結合、垂直型企業結合のいずれにも該当しない企業結合である。

3 セーフハーバー基準

企業結合ガイドラインでは、水平型企業結合と垂直型企業結合・混合型企業結合のそれぞれについて「セーフハーバー基準」を示している。

セーフハーバー基準とは、これに該当すれば、その企業結合は、一定の取引分野における競争を実質的に制限することとなるとは通常考えられないと判断できる基準である。

セーフハーバー基準では、HHI（ハーフィンダール・ハーシュマン指数）が用いられている。HHI は、一定の取引分野（市場）での各事業者の市場シェアの 2 乗の総和である。

たとえば、一定の取引分野（市場）を 1 社が独占（市場シェア 100％）していれば、HHI は、100 を 2 乗した 10000 である。

市場シェアが 60％と 40％の 2 社の場合、HHI は、60 の 2 乗（3600）と 40 の 2 乗（1600）を足した 5200、市場シェア 2％の会社が 50 社の場合の HHI は、2 の 2 乗（4）×50＝200 である。

このように、HHI は、10000 と 0 の間であり、市場が独占的、寡占的であるほど高くなる。

4 水平型企業結合のセーフハーバー基準

次の①から③のいずれかに該当する水平型企業結合は、一定の取引分野における競争を実質的に制限することとなるとは通常考えられないことから、その段階で独占禁止法上の問題はないと判断され、企業結合審査は終了する（垂直型企業結合・混合型企業結合のセーフハーバー基準は、

6-5参照)。

① 企業結合後の HHI が 1500 以下である場合

② 企業結合後の HHI が 1500 超 2500 以下であって、かつ、HHI の増分が 250 以下である場合

③ 企業結合後の HHI が 2500 を超え、かつ、HHI の増分が 150 以下である場合

HHI の増分とは、企業結合後の HHI から、企業結合前の HHI を差し引いたものであり、その値が小さければ、その企業結合の前後で市場の集中度の変化が小さいことになる。

なお、過去の事例に照らせば、企業結合後の HHI が 2500 以下であり、かつ、企業結合後の当事会社グループのシェアが 35％以下の場合には、競争を実質的に制限することとなるおそれは小さいと通常考えられる。ただし、一定の取引分野における当事会社のシェアが小さいため、上記のセーフハーバー基準に該当する場合であっても、当事会社が競争上重要なデータや知的財産権を有するなど、市場シェアに反映されない高い潜在的競争力を有しているような場合には、例外的に、個別の検討がされ得る。このセーフハーバー基準の例外は、垂直型企業結合（6-5参照）、混合型企業結合（6-6参照）の場合も同様である（企業結合ガイドライン第4の1(3)）。

5　水平型企業結合による競争制限の検討

水平型企業結合がセーフハーバー基準に該当しない場合、その水平型企業結合が一定の取引分野における競争を実質的に制限することとなるか否かを検討する。

この検討は、①企業結合後の当事会社グループの「単独行動」による競争制限と、②当事会社グループとその競争者が「協調的行動」をとることによる競争制限の２つの観点から行われる。

単独行動による競争制限は、企業結合後の当事会社グループが、商品の価格等をある程度自由に左右することができるようになる場合であり、協調的行動による競争制限は、企業結合後の当事会社グループとその競

争者とが協調した行動をとることによって、商品の価格等をある程度自由に左右することができるようになる場合である。

6 単独行動による競争制限

　水平型企業結合が単独行動により一定の取引分野における競争を実質的に制限することとなるのは、典型的には、次のような場合である（企業結合ガイドライン第4の1(1)）。

　商品が同質的である場合、たとえば、当事会社グループが、ある商品の価格を引き上げたとき、他の事業者が価格を引き上げなければ、需要者は購入先を他の事業者に振り替えるので、通常、当事会社グループの売上は減少し、他の事業者の売上が拡大する。しかし、当事会社グループの生産・販売能力に比べて、他の事業者の生産・販売能力が小さい等の事情から、当事会社グループがその商品の価格を引き上げても、他の事業者がその商品の価格を据え置くことで売上げを拡大したり、需要者が購入先を他の事業者に振り替えることができない場合には、当事会社グループがその商品の価格等をある程度自由に左右することができる状態が容易に現出し得る（すなわち、一定の取引分野における競争を実質的に制限することとなる）。

　商品が差別化されている場合には、たとえば、当事会社グループが、あるブランドの商品の価格を引き上げると、需要者は、それに代わるものとして、そのブランドの商品の次に好ましい（代替性の高い）ブランドの商品を購入すると考えられるが、この場合に、当事会社グループがその商品と代替性が高いブランドの商品も販売していると、価格を引き上げたブランドの商品の売上げの減少を、その商品と代替性の高いブランドの商品の売上げの増加で償うことができる。このような代替性の高いブランドの商品を他の事業者が販売していないときには、当事会社グループがその商品の価格等をある程度自由に左右することができる状態が容易に現出し得る（すなわち、一定の取引分野における競争を実質的に制限することとなる）。

　水平型企業結合が単独行動により一定の取引分野における競争を実質

的に制限することとなるか否かを判断するに当たっては、①当事会社グループ・競争者の地位、市場の競争の状況、②輸入、③参入、④隣接市場からの競争圧力、⑤需要者からの競争圧力、⑥総合的な事業能力、⑦効率性、⑧当事会社グループの経営状況という判断要素が総合的に勘案される（企業結合ガイドライン第4の2）。

　これらの判断要素は、基本的には、当事会社グループが、企業結合後にある程度自由に価格等を左右することを妨げる要因があるか否か、すなわち、当事会社グループに対する競争圧力（牽制力）の有無を検討するためのものである。

　また、これら判断要素を検討するに当たっては、ネットワーク効果、規模の経済性、需要者が他の供給者へ供給先を切り替えるためのスイッチングコスト（切替え費用）といった点も考慮される。

　なお、「ネットワーク効果」には直接的な効果と間接的な効果がある。「直接ネットワーク効果」とは、ある事業者の需要者が増加することで、さらにその事業者が提供しているサービスの価値が向上し、さらにその事業者の需要者が増加する効果のことである。「間接ネットワーク効果」は6-3を参照。

7　協調的行動による競争制限

　水平型企業結合が協調的行動により一定の取引分野における競争を実質的に制限することとなるのは、典型的には、次のような場合である（企業結合ガイドライン第4の1(2)）。

　たとえば、会社Aが商品の価格を引き上げた場合、一般的には、他の会社B、C等は、その商品の価格を引き上げないで、売上げを拡大しようとするが、水平型企業結合によって競争単位の数が減少することなどによって、各会社が互いの行動を高い確度で予測することができるようになり、むしろ、協調的な行動をとることが利益となる場合がある。すなわち、会社Aが商品の価格を引き上げたときに、たとえば、会社Bがその商品の価格を引き上げないで売上げを拡大しようとしても、他の事業者が容易にそれを知り、それに対抗してその商品の価格を元の価格ま

で、またはそれ以上に引き下げて、奪われた売上げを取り戻そうとする可能性が高い場合には、会社Bがその商品の価格を引き上げないことで獲得できると見込まれる一時的な利益は、会社Aに追随して価格を引き上げたときに見込まれるものより小さくなる。このような場合には、各会社にとって、互いにその商品の価格を引き上げることが利益となり、当事会社とその競争者がこうした協調的行動をとることで、その商品の価格等をある程度左右することができる状態を容易に現出し得る（すなわち、一定の取引分野における競争を実質的に制限することとなる）。

　水平型企業結合が協調的行動により一定の取引分野における競争を実質的に制限することとなるかどうかを判断するに当たっては、①当事会社グループ・競争者の地位、市場の競争の状況、②取引の実態等、③輸入、参入と隣接市場からの競争圧力、④効率性と当事会社グループの経営状況という判断要素が総合的に勘案される（企業結合ガイドライン第4の3）。

6-5　垂直型企業結合での競争の実質的制限

　垂直型企業結合は、一定の取引分野における競争単位の数を減少させないので、水平型企業結合に比べて競争に与える影響は大きくない。このため、市場の閉鎖性・排他性、協調的行動等の問題が生じない限り、通常、一定の取引分野における競争を実質的に制限することとなるとは考えられない。

1　垂直型企業結合のセーフハーバー基準

　次の①または②に該当する垂直型企業結合は、一定の取引分野における競争を実質的に制限することとなるとは通常考えられない。
　①　当事会社が関係するすべての一定の取引分野（市場）で、企業結合後の当事会社グループの市場シェアが10％以下である場合
　②　当事会社が関係するすべての一定の取引分野（市場）で、企業結合

後の HHI が 2500 以下の場合であって、企業結合後の当事会社グループの市場シェアが 25% 以下である場合

　なお、過去の事例に照らせば、企業結合後の HHI が 2500 以下であり、かつ、企業結合後の当事会社グループの市場シェアが 35% 以下の場合には、競争を実質的に制限することとなるおそれは小さいと通常考えられる（企業結合ガイドライン第 5 の 1⑵）。

　垂直型企業結合についても、セーフハーバー基準に該当しない場合、単独行動による競争の実質的制限と協調的行動による競争の実質的制限の 2 つの観点から検討される。

2　単独行動による競争制限

　垂直型企業結合後、当事会社が当事会社グループ間でのみ取引を行い、事実上、他の事業者の取引の機会が奪われることなどにより、市場の閉鎖性・排他性の問題が生じる場合がある。その結果、当事会社グループがその商品の価格等をある程度自由に左右することができる状態が容易に現出し得る（すなわち、一定の取引分野における競争を実質的に制限することとなる）。

　垂直型企業結合が単独行動により一定の取引分野における競争を実質的に制限することとなるか否かについては、まず、川下・川上市場の閉鎖性・排他性の問題が生じる程度を検討する。

　①　川下市場の閉鎖性・排他性

　たとえば、ある商品のメーカー A と、その商品の販売業者 B が垂直型企業結合を行う場合、商品の製造から販売までの流れを川の流れに例えて、A がいる一定の取引分野（市場）を「川上市場」といい、B がいる一定の取引分野（市場）を「川下市場」という（図表 6-5-1）。

　垂直型企業結合後、川上市場の当事会社 A が、川下市場の B 以外の事業者（当事会社 B の競争者 Y）に対して、商品の供給を拒否等することにより、川下市場の Y の競争力が減退し、川下市場から退出したり、川下市場の潜在的競争者にとって参入が困難になったりする場合がある。このように、川上市場の当事会社 A による供給拒否等によって川下市場

の閉鎖性・排他性の問題が生じる場合があり、そのような供給拒絶等を
「投入物閉鎖」という。

　投入物閉鎖が行われるか否かは、当事会社が投入物閉鎖を行う能力や
インセンティブがあるか否かを考慮する。また、川上市場の当事会社 A
が有するデータや知的財産権などの川下市場における競争上の重要性な
どについても考慮する。

　また、垂直型企業結合後、川下市場の当事会社 B が、川上市場の当事
会社 A を通じて、A と取引のある競争者 Y の商品の仕様、開発・顧客情
報、原材料の調達価格といった競争上の重要な秘密情報を入手し、それ
ら情報を自己に有利に用いることにより、川下市場の競争者 Y が不利
な立場に置かれ、川下市場から退出するというようなことになる場合に
は、川下市場の閉鎖性・排他性の問題が生じることがある。

[図表6-5-1]　供給拒否等（投入物閉鎖）・秘密情報の入手

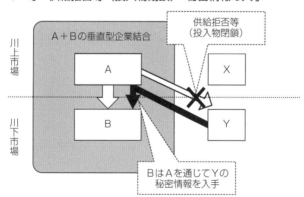

②　川上市場の閉鎖性・排他性
　垂直型企業結合後、川下市場の当事会社 B が、川上市場の A 以外の事
業者（当事会社 A の競争者 X）に対して、商品の購入を拒否等することに
より、川上市場の X の競争力が減退し、川上市場から退出したり、川上

市場の潜在的競争者にとって参入が困難になったりする場合がある。このように、川下市場の当事会社Bによる購入拒否等によって川上市場の閉鎖性・排他性の問題が生じる場合があり、そのような購入拒否等を「顧客閉鎖」という。

　顧客閉鎖が行われるか否かについても、当事会社が顧客閉鎖を行う能力やインセンティブがあるか否かを考慮する。

　また、垂直型企業結合後、川上市場の当事会社Aが、川下市場の当事会社Bを通じて、Bと取引のある競争者Xの商品の販売価格、数量、仕様といった競争上の重要な秘密情報を入手し、それら情報を自己に有利に用いることにより、川上市場の競争者Xが不利な立場に置かれ、川上市場から退出するというようなことになる場合には、川上市場の閉鎖性・排他性の問題が生じることがある。

[図表6-5-2]　購入拒否等（顧客閉鎖）・秘密情報の入手

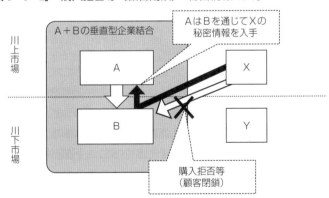

　垂直型企業結合が単独行動により一定の取引分野における競争を実質的に制限することとなるか否かを判断するに当たっては、上記のほか、当事会社グループ・競争者の地位、市場の競争の状況や競争圧力などの判断要素が総合的に勘案される（企業結合ガイドライン第5の2(3)）。

3　協調的行動による競争制限

　垂直型企業結合が協調的行動により一定の取引分野における競争を実質的に制限することとなるか否かは、垂直型企業結合後に、当事会社グループが競争者の秘密情報を入手することになるなどの結果、当事会社グループと競争者が協調的な行動をとりやすくなる程度を検討する。

　このほか、当事会社グループ・競争者の地位、市場の競争の状況や競争圧力などの判断要素が総合的に勘案される（企業結合ガイドライン第5の3(2)）。

6-6　混合型企業結合での競争の実質的制限

　混合型企業結合も、一定の取引分野における競争単位の数を減少させないので、水平型企業結合に比べて競争に与える影響は大きくない。このため、市場の閉鎖性・排他性、潜在的競争の消滅、協調的行動等の問題が生じない限り、通常、一定の取引分野における競争を実質的に制限することとなるとは考えられない。

　混合型企業結合のセーフハーバー基準は、垂直型企業結合と同様であり、セーフハーバー基準に該当しない場合、単独行動による競争の実質的制限と協調的行動による競争の実質的制限の2つの観点から検討される。

1　単独行動による競争制限

　混合型企業結合が単独行動による一定の取引分野における競争を実質的に制限するか否かは、まず、市場の閉鎖性・排他性の問題が生じる程度を検討する。

　たとえば、需要者が同じである甲と乙という別の商品について、一方の当事会社Aが甲商品を、もう一方の当事会社Bが乙商品をそれぞれ市場に供給している場合、企業結合後に当事会社グループが甲商品、乙商品を組み合せて供給することにより、市場における競争者の競争力が

減退し、競争者が市場から退出したり、潜在的競争者にとって参入が困難になったり、参入するインセンティブが低下する場合がある。このような組合せ供給によって市場の閉鎖性・排他性の問題が生じる場合があり、そのような問題をもたらす組合せ供給を「混合型市場閉鎖」という。混合型市場閉鎖が行われるか否かは、当事会社グループが混合型市場閉鎖を行う能力やインセンティブがあるか否かを考慮する。

[図表6-6-1] 組合せ供給（混合型市場閉鎖）・秘密情報の入手

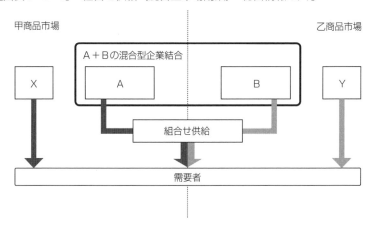

また、混合型企業結合により、当事会社グループが、自社の競争者の競争上の秘密情報を入手し、その情報を自己の有利に用いることで、当事会社の競争者の重要な競争力が減退などする場合には、市場の閉鎖性・排他性の問題が生じるときがある。

このほか、有力な潜在的競争者との企業結合が競争に影響を与える場合がある。たとえば、混合型企業結合の一方の当事会社Bが具体的な参入計画を有していないとしても、もう一方の当事会社Aがいる市場の参入障壁が低いことなどから、一方の当事会社Bが、Aのいる市場に参入することが可能であり、実際にBが参入した場合にAの有力な競争

者になることが見込まれる場合、そうでない場合と比較して、ＢのＡが
いる市場への新規参入を消滅させることになり、競争に及ぼす影響が大
きい。

　有力な潜在的競争者との企業結合が競争に与える影響の程度について
は、当事会社が保有・収集などするデータや知的財産権といった投入財
の競争上の重要性などについても考慮する。

　混合型企業結合が単独行動により一定の取引分野における競争を実質
的に制限することとなるか否かを判断するに当たっては、上記のほか、
当事会社グループ・競争者の地位、市場の競争の状況や競争圧力などの
判断要素が総合的に勘案される（企業結合ガイドライン第６の２(3)）。

2　協調的行動による競争制限

　混合型企業結合が協調的行動により一定の取引分野における競争を実
質的に制限するか否かは、当事会社グループが競争者の秘密情報を入手
する場合や、混合型市場閉鎖によって競争単位の数が減少する場合に混
合型企業結合後に当事会社グループと競争者が協調的な行動をとりやす
くなるか否かを検討し、その上で、当事会社グループ・競争者の地位、
市場の競争の状況や競争圧力などの判断要素が総合的に勘案される（企
業結合ガイドライン第６の3)）。

6-7　競争の実質的制限を解消するための措置（問題解消措置）

　企業結合が独占禁止法上問題となる場合（一定の取引分野における競争
を実質的に制限することとなる場合）でも、当事会社が一定の適切な措置
を講じることで、その問題を解消することができる場合がある。このよ
うな措置を「問題解消措置」という。問題解消措置は、構造的なものと、
行動的なものに分けられる。

　構造的問題解消措置とは、企業や市場の構造を変更することで、企業
結合によって失われる競争を回復する措置である。独立した競争者を新

たに創出したり、有効な牽制力を有する競争者となるよう既存の事業者を強化したりするもので、たとえば、当事会社グループと結合関係にある会社の結合関係の解消（議決権保有の取止め、議決権保有比率の引下げ、役員兼任の取止め等）や、第三者との業務提携の解消などである。

行動的問題解消措置とは、当事会社グループの行動に関する措置を講じることで企業結合によって失われる競争を回復するものである。具体的には、たとえば、商品の生産を共同出資会社で行い、販売は出資会社が引き続きそれぞれ行うこととしている企業結合の場合に、出資会社相互間、そして出資会社と共同出資会社の間でのその商品の販売に関する情報の交換を遮断すること（情報遮断措置）や共同資材調達の禁止などで出資会社間の独立性を確保する措置を講じることなどである。

問題解消措置としてどのような措置が適切かは、個々の企業結合に応じて、個別具体的に検討されるべきものであるが、事業譲渡等の構造的問題解消措置が原則である（企業結合ガイドライン第6の1）。

行動的問題解消措置は、当事会社に継続的に一定の行動をとるよう求めるものであることから、競争当局等は、当事会社がその問題解消措置を適切に実施しているかどうかを監視（モニタリング）する必要がある。他方、構造的問題解消措置は、企業や市場の構造を直接的に変化させ、確実に反競争効果を除去することができるとともに、モニタリングの必要がないことから、構造的問題解消措置が望ましいと考えられている。しかしながら、公正取引委員会による実際の運用をみると、当事会社が行動的問題解消措置を講じることによって、一定の取引分野における競争を実質的に制限することとはならないと判断されている場合もある。

神鋼建材工業㈱による日鉄建材㈱の鋼製防護柵及び防音壁事業の吸収分割（令和3年度における主要な企業結合事例について（公取委報道発表資料令和4年6月22日）【事例3】）は、神鋼建材工業が日鉄建材の鋼製防護柵や防音壁製造販売事業を吸収分割の方法により継承することを計画したものである。この事例では、この企業結合により、道路に設置されるガードレールなどの取引分野における競争を実質的に制限することとな

るおそれがあると判断された。しかしながら、企業結合後、当事会社の設備の持分の45％を第三者に譲渡し、ガードレールなどの操業生産受託を製造コスト相当額で行うなどの当事会社が申し出た問題解消措置が講じられることを前提とすれば、一定の取引分野における競争を実質的に制限することとはならないと判断された。

　また、エムスリー㈱による㈱日本アルトマークの株式取得（令和元年度における主要な企業結合事例について（公取委報道発表令和2年7月22日）【事例8】）は、医薬品情報提供プラットフォームを運営・管理する事業を営むエムスリー社が、医療情報データベースを提供する事業を営む日本アルトマーク社の株式に係る議決権の全部を取得することを計画実行したもので、日本アルトマーク社が他の医薬品情報提供プラットフォーム運営事業者に対し医療データベースの提供拒否等（投入物閉鎖）を行う能力やインセンティブがあること、エムスリー社と日本アルトマーク社との間で他の医薬品情報提供プラットフォーム運営事業者の秘密情報が共有されること、当事会社が医薬品情報提供プラットフォームとデータベースとを組み合わせて提供（混合型市場閉鎖）する能力やインセンティブがあることなどから、市場の閉鎖性・排他性の問題が生じ、競争を実質的に制限することとなると判断された。しかしながら、他の医薬品情報提供プラットフォーム運営事業者へのデータベースの提供拒否等はしない、エムスリー社の役員等が競争事業者の秘密情報を利用することができないようにする、組合せ提供をしないなどの当事会社が申し出た問題解消措置が講じられることを前提とすれば、一定の取引分野における競争を実質的に制限することとはならないと判断された。

6-8　企業結合審査の手続

　一定の基準を満たす企業結合については、それが実行される前に、公正取引委員会に届け出なければならない（事前届出）。事前届出の対象は、

株式取得（10 条）、合併（15 条）、共同新設分割または吸収分割（15 条の 2）、共同株式移転（15 条の 3）、事業譲受け等（16 条）である。

　届出の基準は、独占禁止法にその詳細が定められているが、企業結合の当事会社の一方の会社グループの日本国内での総売上高が 200 億円を超え、もう一方の会社グループの日本国内での総売上高が 50 億円を超える企業結合は、通常届出の対象となる。

　公正取引委員会は、企業結合審査の手続について、手続対応方針（企業結合審査の手続に関する対応方針（平成 23 年公取委））を公表している。この手続対応方針などによれば、企業結合審査の手続は、以下のとおりである。

[図表 6 - 8 - 1]　企業結合審査手続のフローチャート

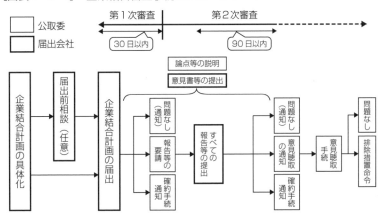

① 届出前相談

　届出を予定する会社（届出予定会社）は、公正取引委員会に対し、届出前相談を行うことができる。届出前相談を行うかどうかは、届出予定会社の任意であり、届出前相談を行わないからといって、届出ができないということではない。

届出前相談では、届出書の記載内容に不備があるかどうか、といった点について相談することができる。また、届出前相談では、届出書の項目への記載を行うために、たとえば、一定の取引分野に関する公正取引委員会の考え方について相談することもできる。

②　第1次審査

　企業結合計画が公正取引委員会に提出されると、30日間の第1次審査が開始される。

　届出会社は、届出が受理されてから30日が経過するまでは、計画されている企業結合を実行することができない（禁止期間）。

　公正取引委員会は、この第1次審査の間に、届け出られた企業結合に独占禁止法上の問題がないと判断するか、詳細な審査（第2次審査）が必要であるかなどを判断する。

　公正取引委員会は、その企業結合は問題がないと判断すると、届出会社に「排除措置命令を行わない旨の通知」を交付する。一方、第2次審査が必要であると判断した場合、届出会社に対して「報告等の要請」を行う。「報告等の要請」とは、第2次審査に必要な資料を届出会社に求めることである。

　なお、公正取引委員会は、第2次審査を行うか否かにかかわらず、当事会社の内部文書の提出を求めることがある。特に、デジタル分野の企業結合については、急速に市場状況が変化する中で、当事会社の内部文書が競争への影響を判断する際に必要となってくる場合が多く、このような内部文書の活用は、国際的にも標準的な企業結合審査の手法となっている。公正取引委員会が提出を求める内部文書としては、たとえば、当事会社の取締役会で使用された資料や議事録、企業結合計画の検討や決定を行うに当たって分析した企業結合の目的や効果などについての資料である。多くの場合、公正取引委員会は、内部文書の提出を求めた時点より2年程度以前からの文書についての提出を求めている。また、当事会社は、公正取引委員会による企業結合審査を迅速に進めるために、内部文書を示し、企業結合の目的などについて説明することもできる

（企業結合審査における内部文書の提出に係る公正取引委員会の実務（公取委報道発表令和4年6月22日））。

　③　第2次審査

　第2次審査は、公正取引委員会が届出会社に対して「報告等の要請」を行うことで始まる。公正取引委員会は「報告等の要請」をした旨公表するとともに、その企業結合計画についての第三者からの意見を募集する。ただし、デジタル分野の案件を中心に、より広く第三者からの意見を収集する必要があると考えられるような案件については、第2次審査が開始されていなくとも、必要に応じて第三者からの意見を聴取する旨公表し、意見を募集する（最近におけるデジタル分野の企業結合審査への対応について（公取委報道発表令和4年6月22日））。

　第2次審査の期間は、通常、「報告等の要請」に対するすべての報告等を公正取引委員会が受領した日から90日以内の期間である。

　公正取引委員会は、第2次審査の期間が終了するまでに、その企業結合に独占禁止法上の問題がなく「排除措置命令を行わない旨の通知」を行うか、排除措置命令前の意見聴取の通知を行うかなどを判断する。

　④　論点等の説明・意見書等の提出

　第1次審査と第2次審査の期間を通じて、届出会社は、公正取引委員会に対して、その時点での論点等について説明を求めることができる。また、届出会社は、公正取引委員会に対し、意見書や企業結合審査に必要と考えられる資料を提出することができる。

　論点等の説明で届出会社は、公正取引委員会がどのような点について独占禁止法上の懸念を有しているのかや、重点的に審査の対象としている点などについての説明を受けることができる。また、届出会社は、報告等の要請に対して提出した資料のほかに、公正取引委員会が有している懸念に反論するための追加資料を提出することもできる。

　このように、届出会社と公正取引委員会との間で密接なコミュニケーションが行われることで、迅速かつ透明性の高い企業結合審査を行うことが可能となる。

⑤　第 2 次審査の終了

第 2 次審査の結果、公正取引委員会は、「排除措置命令を行わない旨の通知」を行うか、排除措置命令前の意見聴取の通知を行うなどの対応を採る。「排除措置命令を行わない旨の通知」を行う場合、公正取引委員会は、独占禁止法上問題がないとする理由について、届出会社に書面で説明する。

公正取引委員会は、論点等の説明を通じて、届け出られた企業結合に独占禁止法上の問題があるとの指摘を行うことがあるが、届出会社は、これに対する問題解消措置を公正取引委員会に提案することができる。その問題解消措置の内容が適当であると公正取引委員会が判断した場合、この問題解消措置に基づく届出書の変更等が行われた後に、「排除措置命令を行わない旨の通知」が行われる。

公正取引委員会が、届け出られた企業結合について独占禁止法上の問題があると判断して、届出会社に排除措置命令前の意見聴取の通知を行った場合、届出会社は、排除措置命令が出された後に、取消訴訟を提起して、その内容を争うことは可能であるが、他方で、排除措置命令前の意見聴取の通知の内容を受けて、排除措置命令が出されるまでの間に、問題解消措置を公正取引委員会に提案することも可能である。この問題解消措置の内容が適当であると判断され、それが届出書に記載されて、排除措置命令を行う必要がなくなれば、その時点で、企業結合審査が終了する。

公正取引委員会は、第 2 次審査を行った企業結合について、その審査結果を公表する。

公正取引委員会は、確約手続（公正取引委員会と事業者との間の合意により自主的に独占禁止法違反の疑いを解決するための手続）（第 5 章 5 - 8 参照）の下で、当事会社に対して確約手続通知を行うこともあり得る。公正取引委員会は、その具体的手続について、「確約手続に関する対応方針」（平成 30 年公取委）を公表している。

●コラム● 市場シェア100%となる場合の企業結合審査

　水平型企業結合において、企業結合後の市場シェアが100%になるからといって直ちに禁止されるわけではない。たとえば、古河電池㈱による三洋電機㈱のニカド電池事業譲受け（令和4年度における主要な企業結合事例について（公取委報道発表令和5年6月28日）【事例4】）では、企業結合後の市場シェアが100%となるものの、問題解消措置が講ぜられることなく、一定の取引分野における競争を実質的に制限することとはならないと判断された。

　この事例は、古河電池が三洋電機からニッケルカドミウム電池（ニカド電池）事業を譲り受けることを計画したものであり、商品範囲は「円筒形ニカド素電池製造販売業」、「非常用放送設備用の円筒形ニカド組電池製造販売業」、「防火シャッター（連動中継器）用の円筒形ニカド組電池製造販売業」、地理的範囲はそれぞれ「日本全国」と画定され、それぞれの市場シェアは企業結合後100%となる。しかしながら、ニカド電池からニッケル水素電池等への切替えが進んでいること、つまり、隣接市場からの競争圧力が認められることから、一定の取引分野における競争を実質的に制限することとはならないと判断された。

第7章 知的財産権と独占禁止法

7-1 独占禁止法 21 条の適用除外

1 知的財産保護制度と独占禁止法

　知的財産保護制度とは、知的創造活動によって生み出されたものを創作者の財産、すなわち知的財産として保護するための制度である。

　知的財産には、①発明、考案、植物の新品種、意匠、著作物などの人間の創造的活動により生み出されるもの、②商標、商号などの事業活動に用いられる商品または役務を表示するもの、③営業秘密などの事業活動に有用な技術上または営業上の情報があり（知的財産基本法（平成 14 年法律第 122 号）2 条 1 項）、発明は特許権、考案は実用新案権、植物の新品種は育成者権、意匠は意匠権、著作物は著作権、商標は商標権などの知的財産権として、法律により保護されている。

　たとえば、発明については、特許法（昭和 34 年法律第 121 号）により、特許庁に特許出願を行い、認定登録を受けることによって特許権が発生すると、その権利者は、特許出願の日から原則として 20 年間、特許発明を独占的に実施することができる（特許法 66 条～68 条）。実施とは、「物の発明」では生産、使用、譲渡することなどであり、「方法の発明」では使用することである。権利者以外の者がライセンス（許諾）を得ることなく特許発明を実施すると、特許権の侵害として、差止め（特許法 100 条）や損害賠償（民法 709 条）の対象になる。

　このように、知的財産権は、知的創造活動の成果を独占的・排他的に利用することを認める権利であり、一見すると競争とは相反するものの

ように見える。しかしながら、知的財産保護制度によって知的財産を保護し、知的創造力を十分に発揮するインセンティブを確保することにより、事業者の技術開発競争などを促進する効果が期待できる。

　一方、独占禁止法は、公正かつ自由な競争を促進し、事業者の創意を発揮させ、事業活動を盛んにし、国民経済の民主的で健全な発達を促進することをその目的としており、独占禁止法が促進すべき競争には技術開発競争なども含まれている。

　したがって、知的財産保護制度と独占禁止法は、手段は異なるものの、ともに技術開発競争などを促進するといった共通点を有し、相互補完的に機能していると評価することができることから[注1]、協働することが求められる[注2]。実際、知的財産基本法10条では、「知的財産の保護及び活用に関する施策を推進するに当たっては、その公正な利用及び公共の利益の確保に留意するとともに、公正かつ自由な競争の促進が図られるよう配慮するものとする」と規定され、知的財産保護制度と公正かつ自由な競争の促進との調和が謳われている。

（注1）　菅久修一編著『独占禁止法〔第5版〕』343頁（商事法務、2024）。
（注2）　波光巌・栗田誠編『解説 独占禁止法』287頁（青林書院、2015）。

2　独占禁止法の適用除外（21条）とその趣旨

　知的財産権の実施に関して、権利者が自分だけでその権利を実施することは権利の行使として認められる行為である。そして、権利者がそのような選択をするということは、他の者が実施することを拒否することになるが、仮にこのような実施許諾を拒否する行為が私的独占や不公正な取引方法（一般指定2項の不当な取引拒絶など）に該当し、独占禁止法に違反するということになれば、知的財産保護制度自体が成り立たなくなってしまう。そこで、独占禁止法21条は、著作権法、特許法、実用新案法、意匠法または商標法による権利の行使と認められる行為には、独占禁止法の規定を適用しない旨を規定している[注3]。

　この規定は、一見すると知的財産権の権利の行使に対しては全面的に

独占禁止法を適用しないということを定めているかのように見えるが、そうではない。21 条は、著作権法等による権利の行使とみられるような行為であっても、競争秩序に与える影響を勘案した上で、知的財産保護制度の趣旨を逸脱したり、同制度の目的に反すると認められる場合には、同条にいう「権利の行使と認められる行為」とは評価されず、独占禁止法が適用されることを確認する趣旨で設けられたものである（ソニー・コンピュータエンタテインメント（SCE）事件（審判審決平成 13 年 8 月 1 日））。

　このような 21 条の解釈は、知的財産ガイドライン（知的財産の利用に関する独占禁止法上の指針（平成 19 年公取委））の中でも明らかにされている。そこでは、

① 　ある行為が「権利の行使とみられる行為」であるかどうかを判断し、そもそも権利の行使とみられない行為には、通常どおり独占禁止法が適用される

② 　ある行為が外形上「権利の行使とみられる行為」であっても、行為の目的、態様、競争に与える影響の大きさも勘案した上で、事業者に創意工夫を発揮させ、技術の活用を図るという、知的財産制度の趣旨を逸脱し、または同制度の目的に反すると認められる場合には、21 条に規定される「権利の行使と認められる行為」とは評価できず、独占禁止法が適用される

という 21 条の解釈の枠組みが示されている（知的財産ガイドライン第 2 の 1）。そして、その行為が独占禁止法の各規定の要件を満たすかどうかを検討し、一定の取引分野における競争を実質的に制限する場合には私的独占や不当な取引制限（3 条）などに、公正な競争を阻害する場合には不公正な取引方法（19 条）に、それぞれ該当することになる。

　（注 3）　神宮司史彦『経済法 20 講』369 頁（勁草書房、2011）。

7-2 独占禁止法上問題となる場合

1 競争減殺の分析方法

　知的財産制度の下で、技術に権利を有する者が、他の事業者がこれを利用することを拒絶したり、利用することをライセンスするに当たってライセンス先の事業者の研究開発活動、生産活動、販売活動などを制限したりする行為（技術の利用に関する制限行為）は、その内容などによっては、技術や製品をめぐる競争に悪影響を及ぼすおそれがある。

　技術の利用に関する制限行為によって市場での競争が減殺されるかどうか、つまり実際に独占禁止法上問題となるかどうかは、制限の内容や態様、技術の用途や有力性のほか、対象市場ごとに、その制限に関する当事者間の競争関係の有無、当事者の占める地位（シェア、順位等）、対象市場全体の状況（当事者の競争者の数、市場集中度、取引される製品の特性、差別化の程度、新規参入の難易度等）、制限を課すことの合理的理由の有無、研究開発やライセンス意欲への影響を総合的に勘案して判断される（知的財産ガイドライン第2の3）。

　なお、一般的に、技術の利用に関する制限行為が競争者間で行われる場合には、非競争者間で行われる場合に比べて、競争の回避や競争者の排除につながりやすい。また、事実上の「標準」としての地位を有するような有力な技術について、これを利用させないようにする行為や利用に条件を付す行為などは、競争に及ぼす影響が大きい。

2 独占禁止法違反となる事例

(1) 私的独占

　ある技術に権利を有する者が、他の事業者に対してライセンスを行わない行為や、ライセンスを受けずにその技術を利用する事業者に対して差止請求訴訟を提起する行為は、「権利の行使とみられる行為」であり、通常それ自体では問題とはならない。しかし、有力な技術の場合やパテントプール（技術に権利を有する複数の者が、それぞれの権利を一定の企業

体・組織体に集中すること）のような技術の集積の場合、これを利用させないようにする行為、利用に条件を付す行為などは、私的独占の観点からの検討が必要となる。

ぱちんこ機製造特許プール事件（勧告審決平成9年8月6日）では、ぱちんこ機の製造販売業者10社が、所有する特許権等の管理を委託する特許プール会社を設立して、ライセンスの意思決定に実質的に関与していた。また、特許プール会社が管理する特許権等のライセンスを受けることなくパチンコ機を製造することは困難な状況にあった。そのような状況の下、その10社と特許プール会社が結合・通謀して、ぱちんこ機の製造分野への参入を排除する旨の方針に基づき、既存のぱちんこ機製造業者以外の者に対して特許プール会社が管理する特許権等のライセンスを拒絶していた行為が、3条前段（私的独占）の規定に違反すると判断された。

このほかに私的独占に該当するとして措置が採られた事例として、パラマウントベッド事件（勧告審決平成10年3月31日）、北海道新聞社事件（同意審決平成12年2月28日）、日本音楽著作権協会（JASRAC）事件（最高裁判決平成27年4月28日）などがある。

また、最近では、情報通信分野などの技術革新が激しい分野において、新製品の市場の迅速な立上げや拡大を図るため、異なる機種間の情報伝達方式や接続方法などについて、関係者が共同で「標準規格」を策定することがある。そして、そのような場合に、規格の実施に当たり必須となる特許等（標準規格必須特許）を有する者が、その標準規格必須特許を利用する者に対して差止請求訴訟を提起するといった事例が国内外で生じている。

一般に、規格を策定する公的な機関や事業者団体（標準化機関）は、標準規格必須特許の権利行使が規格を採用した製品の製品開発などの妨げとなることを防ぎ、規格を広く普及させるために、標準規格必須特許のライセンスに関する取扱いなど（IPRポリシー）を定めている。IPRポリシーでは、通常、①規格の策定に参加する者に対して、標準規格必須特

許の保有の有無やその標準規格必須特許を他の者に公正、妥当かつ無差別な（fair, reasonable and non-discriminatory）条件（FRAND 条件）でライセンスをする用意がある意思を明らかにさせるとともに、②FRAND 宣言（標準規格必須特許を有する者が FRAND 条件でライセンスする用意がある意思を標準化機関に対し文書で明らかにすること）がされない場合には、その標準規格必須特許の対象となる技術が規格に含まれないように規格の変更を検討することなどが定められている。そのような状況の下、FRAND 宣言をした標準規格必須特許を有する者が、FRAND 条件でライセンスを受ける意思を有する者に対してライセンスを拒絶したり、差止請求訴訟を提起することなどは、その規格を採用した製品の研究開発や生産・販売を困難にすることによって、他の事業者の事業活動を排除し、その製品の市場における競争を実質的に制限する場合には、私的独占に該当する（知的財産ガイドライン第3の1(1)オ）。

(2) 不当な取引制限

　技術の利用に関する制限行為の当事者が競争関係にある場合、たとえば、競争者間で行われるパテントプール、クロスライセンス（技術に権利を有する複数の者が、それぞれの権利を相互にライセンスすること）、マルティプルライセンス（多数の競争者が同一の技術のライセンスを受けること）などでの制限行為については、不当な取引制限の観点からの検討が必要となる。

　公共下水道用鉄蓋カルテル事件（審判審決平成5年9月10日）では、日之出水道機器の公共下水道用鉄蓋の実用新案による仕様が、他の事業者にもライセンスすることを条件に地方公共団体によって採用されていた状況の下で、日之出水道機器と日之出水道機器からこの仕様のライセンスを受けた事業者が、公共下水道用鉄蓋の販売価格、各社の販売数量比率などを取り決めていたことが、3条後段（不当な取引制限）の規定に違反すると判断された。

(3) 不公正な取引方法

　私的独占や不当な取引制限として違反となった事例のほか、不公正な

取引方法に該当すると判断されたものも多い。

旭電化工業事件とオキシラン化学事件（勧告審決平成 7 年 10 月 13 日）では、台湾の長春石油化学と「エポキシ系可塑剤」に関する長期の製造ノウハウの供与契約を結んでいた旭電化工業とオキシラン化学が、同契約に関連する覚書で、契約終了後も長春石油化学が契約対象商品を日本市場向けに供給することを禁止していたことが、それぞれ不公正な取引方法（拘束条件付取引）に該当すると判断された。

また、マイクロソフト非係争条項事件（審判審決平成 20 年 9 月 16 日）では、マイクロソフトが、パソコン用の OS を日本のパソコン製造販売業者にライセンスするに当たり、マイクロソフト等に対して特許侵害を理由に訴訟を提起しないこと等を内容とする条項（NAP（Non-assertion of patent）条項）を課したことが、不公正な取引方法（拘束条件付取引）に当たると判断された。

なお、この事件では、非係争条項が、日本のパソコン製造販売業者の研究開発意欲を損ね、研究開発競争を阻害する蓋然性が高く、パソコン AV 技術市場における競争を減殺するおそれがあると判断されたが、非係争条項は、一般的には、知的財産権の権利の帰属や侵害可能性に係る不確実性を解消することによる競争促進効果も有しており、常に反競争的効果が認められるわけではないことに留意する必要がある[注]。

特許権者が FRAND 宣言をした標準規格必須特許に関係する事例として、ワン・ブルー LLC 事件（公取委報道発表平成 28 年 11 月 18 日）がある。同事件では、既に違反行為がなくなっている等の理由により措置は採られなかったものの、特許権者が FRAND 宣言をしたブルーレイディスクの標準規格必須特許の管理等を行っているパテントプールであるワン・ブルーが、FRAND 条件でライセンスを受ける意思を有していた自己の競争者と取引していたブルーレイディスクの小売業者に対して、差止請求権を有していることなどを内容とする通知書を送付したことが、不公正な取引方法（競争者に対する取引妨害）に該当すると判断された。

このほかに不公正な取引方法に該当するとして措置が採られた事例と

して、ソニー・コンピュータエンタテインメント（SCE）事件（審判審決平成 13 年 8 月 1 日）、着うた事件（東京高裁判決平成 22 年 1 月 29 日）、第一興商事件（審判審決平成 21 年 2 月 16 日）などがある。

  （注）　菅久修一編著『独占禁止法〔第 5 版〕』352 頁（商事法務、2024）。

独占禁止法の適用除外、規制分野への独占禁止法の適用等

8-1 独占禁止法の適用除外

1 独占禁止法の適用除外の概要

独占禁止法は、市場における公正かつ自由な競争を促進することにより、一般消費者の利益を確保するとともに国民経済の民主的で健全な発達を促進することを目的とし、私的独占、不当な取引制限、不公正な取引方法などを禁止しているが、他の政策目的を達成する観点から、特定の分野における一定の行為について独占禁止法の適用除外が認められている場合がある。こうした独占禁止法の適用除外には、①根拠規定が独占禁止法自体に定められているものと、②根拠規定が独占禁止法以外の個別の法律（個別法）に定められているものがある。

2 独占禁止法に基づく適用除外

独占禁止法自体に根拠規定が定められている適用除外は、①知的財産権の権利行使（21条）、②一定の組合の行為（22条）、③一定の再販売価格維持契約（23条）の3つである。このうち①については第7章で説明したことから、この章では②と③について説明する。

(1) 一定の組合の行為（22条）

22条は、一定の組合の行為について、原則として独占禁止法の適用を除外する旨を規定している。この適用除外の趣旨は、単独では大企業に対抗できない中小事業者によって設立された相互扶助を目的とする組合の事業活動の独立性をある程度確保したまま、単一事業体として共同経済事業を行うことを許容するところにある（土佐あき農業協同組合事件（東

京高裁判決令和元年 11 月 27 日))^(注1)。

　適用除外の対象となる組合は、①小規模の事業者または消費者の相互扶助を目的とすること、②任意に設立され、かつ、組合員が任意に加入し、または脱退することができること、③各組合員が平等の議決権を有すること、④組合員に対して利益配分を行う場合には、その限度が法律または定款に定められていることという 4 要件（22 条 1 号ないし 4 号）を備えるとともに、法律の規定に基づいて設立された組合（組合の連合会を含む）でなければならない。これらの 4 要件を備え、かつ、法律の規定に基づいて設立された組合（適格組合）としては、中小企業等協同組合、農業協同組合、漁業協同組合などがある。

　また、適用除外となる行為は、それぞれの組合の設立の根拠となる法律に規定された共同販売事業（組合において組合員の生産する製品や取扱商品などを一括して共同で販売する事業）などの行為に限られる。そのため、共同販売事業とはいえないような組合員同士の単なる価格カルテルなどは、「組合の行為」には当たらず、独占禁止法の適用を受けることになる（網走管内コンクリート製品協同組合事件（排除措置命令平成 27 年 1 月14 日）ほか）。また、組合と他の事業者等とのカルテルなども「組合の行為」とは認められない（大阪地区生コンクリート協同組合事件（勧告審決昭和 55 年 2 月 13 日）ほか）。

　適格組合による組合の行為については、原則として独占禁止法の適用除外となるが、「不公正な取引方法を用いる場合」や「一定の取引分野における競争を実質的に制限することにより不当に対価を引き上げることとなる場合」には、適用除外とはならない。つまり、適格組合がその設立の根拠となる法律に定められた共同販売事業などを行っている場合であっても、①不公正な取引方法を用いたり、②組合が市場支配力を持ち販売価格を一方的かつ大幅に引き上げたりすれば、独占禁止法が適用されるのである。これまでに①に当たるとして独占禁止法違反とされた事例は多数存在するが（岡山県北生コン協同組合事件（排除措置命令平成 27年 2 月 27 日）、土佐あき農業協同組合事件（東京高裁判決令和元年 11 月 27 日）

ほか)、②に当たるとして違反とされた事例はない。

(注1)　そのほか、農協ガイドライン（農業協同組合の活動に関する独占禁止法上の指針（平成19年公取委））第2部第1の3、事業者団体ガイドライン（事業者団体の活動に関する独占禁止法上の指針（平成7年公取委））第1の7参照。

⑵　一定の再販売価格維持契約（23条）

商品の供給者がその商品の取引先である事業者に対して再販売する価格を指示し、これを守らせる再販売価格の拘束は、不公正な取引方法（2条9項4号、19条）に該当し、独占禁止法に違反する行為であるが、23条は、①公正取引委員会が指定する特定の商品と②著作物に関して、再販売価格を決定し、これを維持するための正当な行為については、例外的に独占禁止法の適用を除外する旨を規定している。①は「指定再販」と、②は「法定再販」と呼ばれている。

なお、指定再販の対象となる商品（指定再販商品）や著作物については、再販売価格維持行為を行っても独占禁止法を適用しないというだけであって、再販売価格維持行為を行うことが義務付けられているわけではない。

指定再販商品は、①品質が一様であることを容易に識別できる、②一般消費者により日常使用される、③自由な競争が行われているという3要件を満たす商品から、公正取引委員会が「諸般の事情を考慮し価格維持を許すのが相当であると認めて」（第一次育児用粉ミルク（明治商事）事件（最高裁判決昭和50年7月11日））指定する。現在、指定再販商品は存在しない。

法定再販の対象となる著作物は、著作権法上の著作物とは異なり、書籍、雑誌、新聞、レコード盤、音楽用テープ、音楽用CDの6品目に限られる(注2)。また、著作物とそうでないものがセットになって販売されている場合、適用除外の対象となるのは著作物に当たる部分だけである（平成16年度相談事例集【事例7】）。

指定再販商品と著作物の再販売価格維持行為については、原則として独占禁止法の適用除外となるが、「一般消費者の利益を不当に害することとなる場合」や「指定再販の対象となる商品の生産者や著作物の発行者の意思に反して販売業者が再販売価格維持行為を行う場合」には、適用除外とはならない。また、農業協同組合法、消費生活協同組合法、水産業協同組合法等の法律の規定に基づいて設立された団体に対しては、指定再販商品や著作物であっても再販売価格維持行為を行うことはできない（独占禁止法違反となった事例として資生堂再販事件（同意審決平成 7 年 11 月 30 日））。

（注 2）　レコード盤、音楽用テープ及び音楽用 CD の再販適用除外の取扱いに関する公正取引委員会の見解（平成 4 年 4 月 15 日）。ソニー・コンピュータエンタテインメント（SCE）事件（審判審決平成 13 年 8 月 1 日）。

3　個別法に基づく適用除外

　個別法で特定の事業者や事業者団体の行為について独占禁止法の適用除外を定めているものとしては、保険業法に基づく保険カルテル、道路運送法に基づく生活路線確保のための共同運送カルテル、海上運送法に基づく外航海運の運賃カルテルなどがある。

　個別法に基づく適用除外カルテルについては、一般に、事前に公正取引委員会の同意を得たり、公正取引委員会への協議や通知を行った上で、主務大臣が認可を行うことになっている。また、主務大臣による認可に当たっては、カルテルの目的を達成するために必要な限度を超えないこと、不当に差別的でないことなどの要件を満たす必要がある。さらに、個別法に基づく適用除外カルテルについても、不公正な取引方法に該当する行為が用いられた場合などには独占禁止法の適用除外にはならない。

　なお、独占禁止法の適用除外の多くは、昭和 20 年代から 30 年代にかけて、産業の育成・強化などを目的として創設されたが、これらの適用除外があることにより、個々の事業者において効率化への努力が十分に行われず、事業活動における創意工夫の発揮が阻害されるおそれがある

などの問題があった。そこで、平成に入ってから、規制改革の一環として、適用除外について累次の見直しが行われてきた結果、平成7年度末に30法律89制度存在した適用除外は、令和4年度末現在、17法律23制度（独占禁止法に基づく適用除外を含む）となっている[注3]。

（注3）　独占禁止法の適用除外制度について詳しくは、公正取引委員会年次報告参照。

8-2　行政指導と独占禁止法の関係

1　行政指導とは

日本では、様々な分野において様々な形で行政指導が行われている。

行政指導とは、国や地方公共団体がその任務または所掌事務の範囲内で一定の行政目的を実現するために特定の者に一定の行為を行うこと（作為）や行わないこと（不作為）を求める指導、勧告、助言などであって処分に該当しないものである（行政手続法（平成5年法律第88号）2条6号）。

行政指導の内容は、あくまで指導を受ける相手方の任意の協力によって実現されるものであり、行政機関は、その相手方が行政指導に従わなかったことを理由として不利益な取扱いをすることはできない（行政手続法32条）。

行政指導には、勧告、指示などといった法令の具体的な規定に基づいて行われるものもあるが、法令に根拠を有しない事実上のものとして行われるものも多い。

2　行政指導と独占禁止法の関係

行政指導は様々な分野において様々な形で行われているが、事業者の参入や退出、商品や役務の価格、数量、設備などに直接・間接に影響を及ぼすような行政指導が行われる場合、その内容や方法によっては、価格カルテルなどの独占禁止法違反行為を誘発することがある。たとえば、

価格が低迷しているような状況の下で、行政機関が事業者や事業者団体に対して安値販売や価格の引下げの自粛を指導し、それを受けた事業者や事業者団体が価格の維持や引上げを決定するといったものである。

それでは、行政指導に従って価格カルテルが行われたような場合であっても、事業者は独占禁止法違反に問われるのであろうか。

これについては、石油価格協定刑事事件（最高裁判決昭和59年2月24日）で判断が示されている[注]。

この事件は、「石油ショック」と呼ばれる昭和40年代後半以降の原油価格の高騰に対処するため、旧通商産業省によって価格に関する行政指導が行われている状況の下で、石油元売各社が価格カルテルを行ったというものである。

この事件の最高裁判決では、まず、石油業法に直接の根拠を持たない価格に関する行政指導であっても、これを必要とする事情がある場合に、社会通念上相当と認められる方法によって行われるものは、「一般消費者の利益を確保するとともに、国民経済の民主的で健全な発達を促進する」という独占禁止法の究極の目的に実質的に抵触しないものである限り、これを違法とすべき理由はないとして、本件での行政指導が適法であることを認めた。そして、その上で、「価格に関する事業者間の合意が形式的に独占禁止法に違反するようにみえる場合であっても、それが適法な行政指導に従い、これに協力して行われたものであるときは、その違法性が阻却されると解するのが相当である」という考え方が示された。

しかし、だからといって、適法な行政指導に従ってカルテルが行われたような場合には必ずその違法性が阻却されると考えるのは早計である。この判決では結局、事業者は、石油製品の油種別の値上げ幅の上限に関する業界の希望案について合意するに止まらず、この希望案に対する旧通商産業省の了解が得られることを前提に、一定の期日から、この上限の限度一杯まで各社一斉に価格を引き上げる旨の合意をしているので、行政指導に従い、これに協力して行われたものと評価することはできず、本件価格協定は、行政指導の存在ゆえにその違法性が阻却されるもので

はないと判断された。また、価格形成にみだりに介入する行政指導は、単に好ましくないというにとどまらず、違法となるとの考え方も示されている。価格形成にみだりに介入するような行政指導はそもそも違法となるし、適法な行政指導に従って行われたとされるカルテルでも違法性が阻却されるのは極めて限定的な場合に限られるのである。実際、これまでのカルテル事件で、行政指導に従ったものとの主張が裁判等で認められたことはない。

（注）　行政指導と独占禁止法の関係を含め石油価格協定刑事事件の各論点については、金井貴嗣ほか編『経済法判例・審決百選〔第2版〕』（有斐閣、2017）5事件〔土田和博〕、29事件〔田村次朗〕、35事件〔杉浦市郎〕、127事件〔小林憲太郎〕参照。

3　行政指導ガイドライン

　行政指導と独占禁止法の関係については、行政指導ガイドライン（行政指導に関する独占禁止法上の考え方（平成6年公取委））で考え方が示されている。

　行政指導ガイドラインによれば、法令に助言、指導、勧告、指示等の具体的な規定がある行政指導の場合、法令の規定に合致した目的、内容、方法等で行われ、相手方が個々に自主的に判断して、そのような行政指導に従う限り、行政指導の相手方の行為は、独占禁止法上問題とはならない。しかし、そのような行政指導によって誘発された行為であっても、独占禁止法違反行為に該当する場合には、独占禁止法の適用が妨げられるものではない。

　他方で、法令に具体的な規定がない行政指導の場合、その目的、内容、方法等によっては、公正かつ自由な競争を制限し、または阻害するとともに、独占禁止法違反行為を誘発することがあり得ることに十分留意する必要がある。その中でも特に、①安値販売などの自粛を指導すること、②価格の引上げ・引下げ、設備投資・設備廃棄の時期・規模などについて、目安となる具体的な数字を示して指導すること、③価格などに関す

る事前届出や許認可の申請に関して、目安となる具体的な数字を示して指導したり、事業者間での調整や一括での届出や申請を指導すること、④具体的な目安を示して生産・販売数量、輸入・輸出数量、設備の新増設などに関する事業計画を提出させたり、短期の需給見通しの作成に当たって事業者間で供給計画に関する意見交換を行わせることなどは、独占禁止法との関係で問題を生じさせるおそれがある。

　一般に、事業者団体を通じて行政指導が行われる場合には、独占禁止法違反行為を誘発しやすい。また、独占禁止法との関係で問題を生じさせるおそれがある行政指導の例をみても分かるように、個別事業者に対する行政指導でも、その事業分野の多くの事業者に画一的な基準を定めるといった方法で行政指導が行われる場合などには、独占禁止法上の問題を誘発するおそれが強くなる。

---

8 - 3　規制分野への独占禁止法の適用

1　規制分野への独占禁止法の適用の基本的な考え方

　国民の生命・安全の確保、環境の保全、産業・経済の発展、国民生活の向上等といった目的の下、一定の産業や事業者に対して公的な規制が設けられている。労働条件、参入、運賃・料金に関する規制（運賃の認可制等）などである。

　規制は、その内容によっては、事業者の事業活動を制限し、事業者間の競争に対して一定の制約を加える効果を持つことがあるが、たとえ規制分野であっても、直接的に規制が及んでおらず競争の余地がある限り、独占禁止法の適用が妨げられることはない。たとえば、運賃や料金に関して規制が行われている分野であっても、サービスに関しては競争があり得るため、サービスに関してカルテルが行われた場合には、独占禁止法に違反することになる。また、運賃や料金についても、これらの認可を個々の事業者ごとに得ることになっているにもかかわらず、認可申請

をする運賃等を事業者間で話し合って決めた場合には、独占禁止法に違反することになる。

なお、労働法と独占禁止法の適用関係に関して、労働基準法上の労働者は独占禁止法上の事業者に当たらず、労働法制により規律されている分野の労働組合や使用者の行為（たとえば、労働組合法に基づく労働組合の行為、労働基準法等により規律される労働者に対する使用者の行為など）は、原則として、独占禁止法上の問題とはならないが、複数の発注者が共同してフリーランス（個人事業主）の役務提供者に対して支払う対価を取り決めることや、スポーツ事業分野や芸能分野における移籍制限などは、独占禁止法の適用対象となり得る。

2　規制緩和の下での独占禁止法の役割

1980年代以降、様々な分野において公的な規制の緩和が進められてきた。規制が緩和ないし廃止された場合には、その範囲において規制による競争への制約がなくなり、事業者間の競争が生まれる。つまり、事業者間の競争の余地が広がることになる。また、8-1の3で見たように独占禁止法の適用除外制度の数も大きく減少し、独占禁止法の適用範囲は着実に広がってきている。

そして、規制緩和が進んだ分野では、競争制限的な行為が行われることがないよう、適切な独占禁止法の執行が重要になる。特にかつて「法定独占」が認められていた電気通信、電力といった分野では、規制緩和により法定独占が崩壊した後も旧独占事業者が引き続き大きな市場支配力を保持し、通信網や送配電網といった事業を行う上で不可欠なインフラを所有していることが多い。旧独占事業者がこうした地位を利用して新規参入者を排除するようなことがないよう、公正取引委員会が独占禁止法の観点から監視していくことが求められる。

3　事業法の変化と独占禁止法との関係

電力、ガス、電気通信など特定の事業分野に関して、参入、価格、品質などを定めた法律は「事業法」と呼ばれる。たとえば、電気事業法、電気通信事業法などである。規制緩和が進む中で、事業法は競争制限的

なものからより競争促進的な側面を持つものへと変化してきている。た
とえば、電気通信や航空の分野では、料金などが認可制から届出制に改
められるとともに、事後的な変更命令が可能な仕組みが設けられ、変更
命令の要件として「不当な競争の防止」といった要件が設定されている。
また、電気通信や電力の分野では、通信網や送配電網など事業を行う上
で不可欠なインフラへのアクセスを確保し、新規参入を促進するための
規制が事業法の中で制度化されている。つまり、事業規制官庁も広い意
味での競争政策を推進するようになってきているのである[注]（第1章1-
2参照）。

　そのような中、公正取引委員会は、電気通信の分野では総務省と共同
で、電気通信事業分野における競争の促進に関する指針（平成13年11月
30日）を、電力やガスの分野では経済産業省と共同で、適正な電力取引
についての指針（平成11年12月20日）や適正なガス取引についての指
針（平成12年3月23日）を、それぞれ策定・公表している。

　　（注）　波光巖・栗田誠編『解説　独占禁止法』332〜334頁（青林書院、2015）。

4　規制分野における主な違反事例

　これまで、規制分野でも独占禁止法は積極的に適用されてきている。
ここでは、①許認可制の下での適用事例と、②規制緩和が進んだ分野に
おける適用事例のうち主なものを紹介する。

⑴　許認可制の下での独占禁止法の適用事例

　ア　三重県バス協会事件（勧告審決平成2年2月2日）

　貸切バス運送事業者は、貸切バスの運賃や料金の変更をしようとする
ときは、道路運送法の規定に基づき認可を受けなければならないが、貸
切バスの運賃は、認可された基準の運賃率によって計算した金額（標準
運賃）の上下それぞれ15％の範囲内で自由に運賃を設定することができ
た。そのような状況の下、三重県バス協会が貸切バスの最低運賃などを
決定した行為が、旧8条1項1号（現8条1号）の規定に違反すると判断
された。

イ　新潟タクシー事件（東京高裁判決平成 28 年 9 月 2 日）

タクシー運送事業者は、タクシーの運賃や料金の変更をしようとするときは、道路運送法の規定に基づき認可を受けなければならないが、認可申請された運賃が一定の範囲内にあるときは「自動認可運賃」とされ、認可申請に当たって原価計算書類の添付が不要であった。そのような状況の下、新潟市等のタクシー事業者 26 社が、本来であれば各事業者が個別に申請すべき認可申請運賃などを決定した行為が、3 条後段（不当な取引制限）の規定に違反すると判断された。

なお、本件では、行政指導と違反行為の関係も争点の 1 つであった。

(2)　規制緩和が進んだ分野における独占禁止法の適用事例

ア　北海道電力に対する警告（平成 29 年 6 月 30 日）

北海道電力は、新たに電気の小売供給契約を申し込む需要家（新設の需要家）に対しては、最も電気料金が安くなることが見込まれる契約種別（最適メニュー）を適用する一方、北海道電力から他の小売電気事業者との契約に切り替えた後に再び北海道電力との契約を求めた需要家（戻り需要家）に対しては、戻り需要家であるという理由により、1 年間は「標準約款」を適用する方針を決定し、これを実施していた。公正取引委員会は、このような行為は 19 条（不公正な取引方法の禁止）に違反するおそれがあるとして、警告を行った。

イ　電力カルテル事件（排除措置命令・課徴金納付命令令和 5 年 3 月 30 日）

電気の小売供給の自由化後に、電気料金の水準の低下を防止して自社の利益の確保を図るため、中部電力等と関西電力、中国電力と関西電力、九州電力と関西電力がそれぞれ互いに相手方の供給区域で顧客獲得競争を制限することを合意した。公正取引委員会は、このような行為は 3 条後段（不当な取引制限）に違反するとして、排除措置命令と課徴金納付命令を行った。本件は、長年にわたり推進されてきた電気の小売供給分野の自由化の目的（電気料金を最大限抑制すること、需要者の選択肢や事業者の事業機会を拡大すること等）に反するものである。

ウ　NTT東日本事件（最高裁判決平成22年12月17日）

NTT東日本は、戸建て住宅向けのFTTH（Fiber To The Home）サービス（光ファイバによる家庭向けのデータ通信サービス）として新たなサービスを提供するに当たり、同社の電話局から加入者宅までの加入者光ファイバについて、1芯を1人で使用する方式（芯線直結方式）を用いて提供した。NTT東日本は、そのサービスの料金を月額4500円と設定したが、それは他の電気通信事業者がNTT東日本が有する光ファイバの設備に芯線直結方式で接続してFTTHサービスを提供する際に必要となる接続料金を下回るものであった。NTT東日本のそのような行為は、他の事業者を不当に排除するものであり、3条前段（私的独占）の規定に違反すると判断された。

> 8-4　経済のデジタル化と競争政策

1　経済のデジタル化とデジタル・プラットフォームの浸透

現在、ビッグデータを始めとするデータの飛躍的な増大、コンピュータの計算能力の向上、人工知能（AI）の発達といった技術革新が急速に進行している。そして、「GAFA」（グーグル、アップル、フェイスブック、アマゾン）など、情報通信技術やデータを活用して第三者に多種多様なサービスの「場」を提供するデジタル・プラットフォームが、革新的なビジネスを次々に生み出している。

デジタル・プラットフォームは、企業や消費者という異なる複数の層が存在する「両面市場」（多面市場）であり、両面市場においては、直接・間接の「ネットワーク効果」（参加者が多ければ多いほど、参加者の効用が高まる効果）が働く。

また、デジタル・プラットフォームは、情報通信技術やデータを用いた取引の場であるため、サービスの提供にかかる費用が低く、デジタル・プラットフォーム事業者が効率的にネットワークの規模を拡大すること

ができる（「規模の経済性」が働く）。

さらに、あるプラットフォームへ参加した者（企業や消費者）が他のプラットフォームに移行しにくいという特徴（「ロックイン効果」と呼ばれる）なども有している。

2　日本政府全体と公正取引委員会のデジタル分野への取組

データへのアクセスや収集、活用などデータに関連する競争政策上の論点を整理するため、2017年1月から公正取引委員会競争政策研究センターで「データと競争政策に関する検討会」が開催され、同年6月に報告書[注1]が公表された。

そして、2018年夏からは、プラットフォーマー型ビジネスの台頭に対応したルール整備に関する検討が日本政府全体で本格的に始まった。

公正取引委員会と経済産業省、総務省は、競争政策、情報政策、消費者政策などに知見を有する学識経験者等からなる「デジタル・プラットフォーマーを巡る取引環境整備に関する検討会」を2018年7月から開催し、同年12月にこの検討会での議論に基づいた中間論点整理と、「プラットフォーマー型ビジネスの台頭に対応したルール整備の基本原則」（基本原則）を公表した[注2]。

この基本原則の（3）「デジタル・プラットフォーマーに関する公正性確保のための透明性の実現」で「大規模かつ包括的な徹底した調査による取引実態の把握を進める」とされたこと等を受けて、公正取引委員会は、デジタル・プラットフォーム事業者の取引慣行等に関する実態調査を次々と行い、その結果を公表しているが、これらの多くは、内閣官房に設けられたデジタル市場競争会議（ワーキンググループ）での必要な法制度の検討を含む議論の基礎となり、新法の成立へもつながっている。

当時、特に問題点の指摘が多かったことから最初に実施されたオンラインモール・アプリストア実態調査報告書[注3]を受けて、デジタル市場競争会議は、デジタルプラットフォーム取引透明化法案の方向性を決定し（同法は2020年5月に可決・成立）、オンラインモールとアプリストア分野を対象として運用が開始された。また、デジタル広告実態調査報告

書^(注4)を踏まえて、デジタル市場競争会議は、デジタル広告分野の競争評価を行い、同分野をデジタルプラットフォーム取引透明化法の対象に追加することを決定し、対象事業者も指定されて運用されている。続いて、クラウドサービス実態調査報告書^(注5)が公表され、さらに、モバイル OS 実態調査報告書^(注6)が公表された後、デジタル市場競争会議は同年6月に「モバイル・エコシステムに関する競争評価 最終報告」を公表し、事前規制（モバイル・エコシステムを形成したプラットフォーム事業者に対して、事前に一定の行為類型の禁止や義務付けをするというアプローチ）の導入も視野に入れた必要な法制度の検討が進められている。

公正取引委員会によるデジタル分野でのこれまでの審査事件としては、①同等性条件（自社のウェブサイトに出品者が掲載する商品・サービスの価格・品揃え等を他の販売経路と同等または他の販売経路よりも有利なものとするという条件）が問題となったアマゾンジャパン事件^(注7)、楽天事件^(注8)、ブッキング・ドットコム事件^(注9)とエクスペディア事件^(注10)、②アプリ内でデジタルコンテンツの販売等をする場合に自社が指定する課金方法（IAP）を義務付け、アウトリンク（消費者を IAP 以外の課金による購入に誘導するボタンや外部リンクをアプリに含める行為）を禁止していることが問題となったアップル・インク事件^(注11)などが挙げられるが、さらに、事業者のイノベーションを阻害するような独占禁止法・競争政策上問題となる取引慣行や規制・制度に対して、エンフォースメントとアドボカシーを車の両輪として一層精力的に取り組み、デジタル化等社会経済の変化への対応を強化するため、公正取引委員会は、「デジタル化等社会経済の変化に対応した競争政策の積極的な推進に向けて――アドボカシーとエンフォースメントの連携・強化」（令和4年6月16日）（ステートメント）を公表した。

このステートメントでは、公正取引委員会による実態調査への期待の高まりを受けて、実態調査の役割、対象分野、実施方法等の基本的な考え方が明らかにされているが、その中で、40条の調査権限に触れて、「任意の調査では情報収集が困難な場合は、当該調査の目的を達成するため

に必要かつ相当な範囲において」この権限を行使すると書かれている。

40条の調査権限は、個別事件の調査のための強制処分権限（47条）とは異なり、「一般調査権」と呼ばれ、たとえば、実態調査を行う中で、秘密保持契約があるため任意の報告依頼に応じることができないとか、事業者等の内部規定により任意の報告依頼では事業者等の保有する情報の提供ができないものの、強制権限に基づく報告命令があれば、その事業者等が回答できる場合に活用されている。

（注1）　「データと競争政策に関する検討会」報告書（平成29年6月6日）。
（注2）　プラットフォーマー型ビジネスの台頭に対応したルール整備の基本原則について（経済産業省・公正取引委員会・総務省平成30年12月18日）。
（注3）　デジタル・プラットフォーマーの取引慣行等に関する実態調査（オンラインモール・アプリストアにおける事業者間取引）について（公取委報道発表令和元年10月31日）。
（注4）　デジタル・プラットフォーム事業者の取引慣行等に関する実態調査（デジタル広告分野）について（最終報告）（公取委報道発表令和3年2月17日）。
（注5）　クラウドサービス分野の取引実態に関する報告書について（デジタルプラットフォーム事業者の取引慣行等に関する実態調査報告）（公取委報道発表令和4年6月28日）。
（注6）　モバイルOS等に関する実態調査報告書について（公取委報道発表令和5年2月9日）。
（注7）　アマゾンジャパン合同会社に対する独占禁止法違反被疑事件の処理について（公取委報道発表平成29年6月1日）。
（注8）　楽天株式会社から申請があった確約計画の認定について（公取委報道発表令和元年10月25日）。
（注9）　Booking. com B.V. から申請があった確約計画の認定等について（公取委報道発表令和4年3月16日）。
（注10）　エクスペディア・ロッジング・パートナー・サービシーズ・サールから申請があった確約計画の認定等について（公取委報道発表令和4年6月2日）。
（注11）　アップル・インクに対する独占禁止法違反被疑事件の処理について（公取委報道発表令和3年9月2日）。

●コラム● 公的再生支援と競争のゆがみ

　有用な経営資源を有しながら経営が困難な状況に陥った事業者の事業継続能力を回復するために、公的再生支援（国が出資する法人等による事業再生支援）が行われることがある。

　市場経済体制の下では、競争の結果、経営が困難な状況に陥った非効率的な事業者は市場から撤退するのが原則であるが、公的再生支援は本来であれば市場から退出するはずであった事業者を存続させるものであり、そのような支援が行われなかった場合と比較して、「競争のゆがみ」を生じさせる可能性がある。競争のゆがみとして考えられるのは、たとえば、本来起こるはずであった非効率的な事業者から効率的な事業者への需要な資源の移転を妨げること、事業を効率化するインセンティブが弱まることなどである。

　このように、公的再生支援により競争のゆがみが生ずる可能性があることから、公的再生支援について、競争政策の観点から留意すべき客観的な基準を作成したり、競争当局が何らかの関与をすることが考えられる。実際、EU では、競争当局が、加盟国等による公的支援を公平な競争の観点から規制する国家補助規制（State Aid 規制）を担っている。

　日本でも、企業再生支援機構が行った日本航空に対する事業再生支援を契機に、公的再生支援と競争環境の在り方についての関心が高まり、有識者による研究会（競争政策と公的再生支援の在り方に関する研究会）で議論が行われた。そして、同研究会の提言を受け、公正取引委員会は、平成 28 年 3 月 31 日、「公的再生支援に関する競争政策上の考え方」を策定・公表し、公的再生支援を行う上で、競争に与える影響を最小化するために留意すべき原則などを明らかにしている。

　公正取引委員会、競争政策が関係する分野は、多岐にわたっている。

第9章 国際的な執行

第 9 章

9-1 独占禁止法の国際的な適用

　独占禁止法違反事件の多くは、日本国内で行われた違反行為を対象とするものであるが、近年、企業活動のグローバル化や市場のボーダレス化が進む中で、日本国外で行われたカルテルや企業結合などが日本の市場に影響を及ぼすことがあり得る。そして、そのような行為に対して独占禁止法を適用することができるのかという問題が生じる。いわゆる独占禁止法（競争法）の国際的な適用（「域外適用」とも呼ばれる）の問題である。

　独占禁止法の国際的な適用では、自国内で行われた行為に自国の競争法を適用するのとは異なり、「国家管轄権」を巡って議論となることがある。独占禁止法の国際的な適用の問題を議論するに当たって、まず問題となるのは、立法管轄権（規律管轄権とも呼ばれる）と執行管轄権の問題である。立法管轄権とは、立法機関や行政機関などが、国内法を制定し、一定の現象についてその合法性を判断する基準を設ける権能である。また、執行管轄権とは、裁判所や行政機関が捜査、強制調査、押収などの物理的手段によって国内法を執行する権能である。

　立法管轄権については、大きく分けると、「属地主義」と「効果主義」という2つの考え方がある。属地主義とは、自国の法律は原則として自国内の行為に適用されるという考え方であり、これは国際法における管轄権の原則となっている。しかしながら、企業活動のグローバル化などが進展する現代社会において、属地主義を厳格にとらえすぎると、問題

に適切に対処できない場合が生じる。そこで、効果主義の考え方が唱えられてきた。効果主義とは、簡単にいえば、自国外で行われた行為であっても、自国内にその効果がある程度以上及ぶ場合には、自国の法律を適用できるという考え方である。

　競争法の国際的な適用に関して、米国では、アルコア事件控訴審判決（1945年）で効果主義に基づく判決が出され、ハートフォード火災保険会社事件最高裁判決（1993年）でも効果主義の考え方が認められるなど、効果主義の考え方が定着している。

　EUでは、ウッドパルプ事件欧州裁判所判決（1988年）で、外国で行われたカルテルがEU内で「実施（implement）」される場合には欧州競争法を適用できるという考え方（「客観的属地主義」や「実施理論」と呼ばれる）が示された。また、ジェンコール（Gencor）事件欧州裁判所判決（1999年）で、欧州連合において即時的かつ実質的な効果を有することが予見可能な場合には欧州競争法を適用できるとの考え方が示されたが、その後に出されたインテル事件一般裁判所判決（2014年、2017年）[注1]では、ジェンコール事件判決は効果主義に依拠しており、欧州競争法を適用するためには、属地主義か効果主義のいずれか一方を立証することで足りるとされている。

　日本では、ブラウン管カルテル事件（サムスンSDI（マレーシア）（最高裁判決平成29年12月12日））で、「国内で合意されたカルテルであっても、それが我が国の自由競争経済秩序を侵害する場合には、同法〔筆者注：独占禁止法〕の排除措置命令及び課徴金命令に関する規定の適用を認めていると解するのが相当であ」り、「公正取引委員会は、同法所定の要件を満たすときは、当該カルテルを行った事業者等に対し、上記各命令を発することができる」、「価格カルテル（不当な取引制限）が国外で合意されたものであっても、当該カルテルが我が国に所在する者を取引の相手方とする競争を制限するものであるなど、価格カルテルにより競争機能が損なわれることとなる市場に我が国が含まれる場合には、当該カルテルは、我が国の自由競争経済秩序を侵害するものということができる」

との考え方が示されている。

　このように、自国外で行われた競争法違反行為であっても、自国内にその効果がある程度以上及ぶ場合には、自国の競争法を適用できるという考え方は、競争法を持つ国の間では広くコンセンサスが得られており、日本においても、独占禁止法違反行為（たとえば、価格カルテルの合意）が行われたのが日本国内であれ国外であれ、それにより日本の市場で競争制限が生じ、独占禁止法に違反する場合には、その行為に独占禁止法を適用することができると考えられる。

　他方で、立法管轄権と執行管轄権の適用範囲は必ずしも同一ではなく、立法管轄権が認められる場合であっても、他国の領域内で執行管轄権の行使が認められるわけではない。すなわち、日本国外で行われた行為に対して独占禁止法を適用することができる場合であっても、日本国外に所在し、日本国内に支店、営業所、事業所等の拠点を有していない事業者に対して、相手国の同意がない限り、公正取引委員会が47条に基づく立入検査等を行うことができないことはもとより、命令の履行を求めることを前提とする排除措置命令書など文書の送達も行うことができない（9-2参照）。

　なお、独占禁止法違反行為は刑事罰の対象ともなり得るが、刑法1条（国内犯の規定）（刑法1条1項「この法律は、日本国内において罪を犯したすべての者に適用する」）と同法8条（「この編〔筆者注：第1編総則〕の規定は、他の法令の罪についても、適用する」）により、独占禁止法の刑罰法規については、属地主義の考え方が適用されることとなる。ただし、どのような場合に「日本国内において罪を犯した」といえるか（つまり「犯罪地」をどのように理解するか）について、一般的には、「犯罪地が国内である」といえるためには、構成要件に該当する行為と結果の一部（構成要件該当事実の一部）が国内で生じていれば足りると解されている[注2]。

（注1）　早川雄一郎「EU の Intel 事件一般裁判所判決──忠誠リベート、域外適用」公正取引773号66頁（2015）、同「EU の Intel 事件司法裁判所判決」公正取引809号78頁（2018）。

（注 2）　山﨑恒・幕田英雄監修『論点解説 実務独占禁止法』316 頁（商事法務、2017）〔稲熊克紀〕。

> ## 9 - 2　外国に所在する事業者への書類の送達

　外国に所在する事業者（外国会社）が関係人に含まれているカルテルや企業結合について、独占禁止法に基づく措置をとろうとする場合には、外国企業に排除措置命令書等の文書を送達することが必要となる。

　文書の送達については、それがその相手方（外国会社）に対して、命令的、強制的効果を発生させる場合（金銭の支払い義務、出頭義務など）には、公権力の行使に当たり、他国の同意を得ずにこれを行うと、主権侵害の問題を生じさせるため、国際法上認められないと解されている。

　もっとも、外国会社であっても、日本国内に支店、営業所、事業所等の拠点を有している場合には、公正取引委員会は、これらの拠点に文書を送達することができる。また、日本国内にこうした拠点を有していなくても、外国会社が日本国内で文書受領権限を有する代理人（通常は弁護士）を選任すれば、公正取引委員会は、この代理人に文書を送達することができる。

　一方、日本国内に拠点がない外国会社が、文書受領権限を有する代理人を選任しない場合もあり得る。公正取引委員会がこのような外国会社が所在する国（外国）に排除措置命令書等の文書を送達する場合には、70条の 7 が準用する民事訴訟法 108 条に基づく領事送達によって行うこととなる（同条には、管轄官庁送達も規定されているが、この送達のためには、公正取引委員会からの委嘱を受け、その外国内で日本の独占禁止法に関する送達を実施する権限を持った機関が必要であるものの、そのような機関のある国はないので、現時点では、管轄官庁送達を行うことはできない）。領事送達は、具体的には、外務省を窓口として、在外日本国大使館・領事館等から外国会社の所在する国の外務当局に対して、外国会社に対する送達

を行うことの応諾を求め、応諾が得られた場合には、通常、外務省を通じて、在外日本国大使館・領事館等に対して外国会社に対する送達を嘱託する。

この領事送達によっても送達することができないと認めるべき場合には、公正取引委員会は、公示送達をすることができる（70条の8第1項）。公示送達は、公正取引委員会の掲示板に掲示することによって行う（同条2項）。また、公示送達の効力は、外国においてすべき送達では、掲示を始めた日から6週間を経過することによって発生する（70条の8第4項）。

なお、外国会社は日本において取引を継続しようとするときは、日本における代表者を定めなければならず（会社法817条1項）、この代表者はその外国会社の日本における業務に関する一切の裁判上または裁判外の行為をする権限を有する（同条2項）。このため、この代表者に文書を送達するという方法も考えられる。また、法務省は、外国会社の登記義務を順守していないと思われる会社に対して登記の申請を個別に促したり、過料の裁判を行う裁判所に対して違反事実の通知をするなどの対応も行っている[注]。

領事送達や公示送達の手続を実際にとった例としては、鉄鉱石、石炭等の採掘・販売に係る事業を営むBHPビリトンによる同事業を営むリオ・ティントの株式取得計画について、10条1項に違反する疑いで公正取引委員会が審査を行った件（公取委報道発表平成20年12月3日）がある。この件では、報告命令を送達するため、領事送達の手続をとったが、BHPビリトンが受領しなかったため、公示送達の手続がとられた。また、ブラウン管カルテル事件（9-4参照）では、排除措置命令書と課徴金納付命令書について、領事送達が試みられたが、これによっても送達できなかったため、公示送達が行われた。

（注）　法務大臣閣議後記者会見の概要（令和4年4月19日、同年7月26日）（法務省ウェブサイト）。

9 - 3　国際協力

　国際カルテルや外国会社同士の企業結合などの国際的な事案について
は、複数の国や地域の競争当局が協力して対応することが求められる。
そして、外国競争当局との協力のためには、公正取引委員会と外国競争
当局との間で、情報の提供や共有をすることが必要である。外国競争当
局との情報交換については、43条の2^(注1)第1項で、公正取引委員会は、
独占禁止法に規定している公正取引委員会の職務の遂行に資すると認め
る情報を外国競争当局に提供することができると規定されている。ただ
し、情報の提供が独占禁止法の適正な執行に支障を及ぼし、その他日本
の利益を侵害するおそれがあると認められる場合には、情報提供をする
ことができない（同項ただし書）。

　公正取引委員会と外国競争当局との間での協力に関して、日本は、
1999年に米国と、2003年にEUと、2005年にカナダと、それぞれ競争
法の執行上の協力関係を定める独占禁止法協力協定を締結した。また、
ほとんどの経済連携協定（EPA）や環太平洋パートナーシップ（TPP）協
定などには競争当局間の協力に関する規定が置かれている。さらに、公
正取引委員会は、韓国、オーストラリア、中国、インドなどの競争当局
と協力に関する覚書などを締結している。

　これらの協定等で規定された協力の内容について、例えば日米独禁協
力協定^(注2)では、通報（自国の競争法の執行が相手国の重要な利益に影響を
及ぼし得る場合に事前に通報する）、執行協力（一般的な協力義務）、執行調
整、「積極礼譲」（positive comity）、「消極礼譲」（negative comity）などが
規定されている。執行調整とは、両国の競争当局が関連する事件につい
て執行活動を行っている場合に、両当局が密接に連絡を取り合って、そ
れぞれの執行活動の相互への影響を考慮しつつ、協力して執行活動を行
うことである。また、積極礼譲とは、他国の領域で行われた反競争的行
為が自国の重要な利益に悪影響を与える場合に、相手国の競争当局に執

行活動の要請を行い、要請された国の競争当局はそのような要請を考慮して執行活動を行うこと、消極礼譲とは、自国法の適用において関係国の利害を考慮に入れ、必要な場合には、執行活動を控えたり、その方法、範囲などを変更することである。

刑事事件に関する協力については、国際捜査共助等に関する法律（昭和55年法律第69号）に定められた要件と手続に基づいて行われる。共助（外国の要請により、その外国の刑事事件の捜査に必要な証拠の提供をすること）の手続は、公正取引委員会ではなく、外務省（外交ルート）や法務省（検察庁）、警察等により行われる。

また、刑事共助条約・協定が締結されている場合、捜査共助は、これに基づいて行われる。日本は、刑事に関する共助に関する日本国とアメリカ合衆国との間の条約（日米刑事共助条約）（2006年発効）のほか、韓国、中国、香港、EU、ロシアとの間で刑事共助条約・協定を締結している。

犯罪人引渡しについては、逃亡犯罪人引渡法（昭和28年法律第68号）で定められている要件と手続に基づいて、外国からの逃亡犯罪人の引渡しの請求に対して、日本は、相互主義の保証の下で、その請求に応じることができる。また、同法により、日本は、外国から逃亡犯罪人の引渡しを受けることもできる。日本は、米国、韓国との間で、犯罪人引渡条約を締結している。日本国とアメリカ合衆国との間の犯罪人引渡しに関する条約（日米犯罪人条約）（1980年発効）の対象には、「私的独占又は不公正な商取引の禁止に関する法令に違反する罪」が含まれている。犯罪人引渡しの手続は、外交ルートを経由して行われる。

これまでに、日本では、独占禁止法違反行為に関して犯罪人引渡しが問題となったことはないが、米国では、マリンホース・カルテル事件の関係人の元幹部であるイタリア人が、反トラスト法（シャーマン法）違反の容疑者としてドイツから米国に引き渡されたことがある[注3]。

また、近年、経済協力開発機構（OECD）[注4]や国際競争ネットワーク（ICN）[注5]の活動にも支えられ、競争当局間の国際的な協力が一層緊密になってきている。

OECD は、競争委員会で、加盟国における競争法・政策の進展に関する検討やその整備・施行に関する加盟国間の協力の促進を目的とした活動を行うとともに、ハードコア・カルテルに対する効果的な措置に関する理事会勧告（1998 年、2019 年改定）^(注6)、競争法の審査及び手続に関する国際協力に係る理事会勧告（2014 年、国際的通商に影響を及ぼす反競争的慣行についての加盟国間の協力に関する理事会勧告（1995 年）の全面改定）^(注7)などが出されている。

　ICN は、競争法の執行における手続面や実体面での収斂を促進することを目的として、2001 年 10 月に 14 か国・地域の 16 当局で発足し、2023 年 9 月現在では、130 を超える国・地域の当局が加盟している、競争法の分野で最大の国際組織である^(注8)。常設の本部建物や固有の事務職員は存在せず、カルテル、企業結合、単独行為などの作業部会が設けられ、電話会議や電子メールによって議論や活動を進め、年 1 回、いずれかの当局の主催で年次総会が開催されている。また、これまでに、企業結合、カルテル、単独行為等に関して、推奨される方法（recommended practices）やグッドプラクティス（good practices）など法執行上の指針となる様々な重要な成果を生み出している。

（注1）　藤井宣明・稲熊克紀編著『逐条解説 平成 21 年改正独占禁止法』38 頁、139 頁（商事法務、2009）。

（注2）　外務省北米局北米第二課編『解説 日米独禁協力協定』（日本国際問題研究所、2000）。

（注3）　First Ever Extradition on Antitrust Charge（米国司法省報道発表 2014 年 4 月 4 日）、Former Marine Hose Executive Who Was Extradited to United States Pleads Guilty for Participating in Worldwide Bid-Rigging Conspiracy（米国司法省報道発表 2014 年 4 月 24 日）。

（注4）　OECD のウェブサイト https://www.oecd.org/competition/

（注5）　ICN のウェブサイト https://www.internationalcompetitionnetwork.org

（注6）　小川聖史「ハードコア・カルテルに対する効果的な措置に対する OECD 理事会勧告の 2019 年改定」公正取引 832 号 38 頁（2020）。

（注7）　寺西直子「OECD 競争委員会の活動及び事務局の役割——国際協力に関

するOECD理事会勧告の見直しを題材にして」公正取引769号59頁(2014)。

(注8)　菅久修一「第12章 国際競争ネットワーク（ICN）の活動、成果と今後の課題」土田和博編著『独占禁止法の国際的執行——グローバル化時代の域外適用のあり方』303〜328頁（日本評論社、2012）、岸本宏之ほか「ICNの最近の動き——2019年度に開催されたワークショップについて」公正取引835号41頁（2020）、五十嵐香織ほか「国際競争ネットワーク（ICN）第19回年次総会について（2020年9月14日〜17日/ウェブ会議）」公正取引841号49頁（2020）。

9-4　独占禁止法の国際的な適用や競争当局間の協力の事例

　独占禁止法違反事件や企業結合事案のうち、公正取引委員会が外国競争当局と協力して審査を進めたものや独占禁止法の国際的な適用に関連するものから主なものを紹介する。

1　独占禁止法違反事件

⑴　エム・ディ・エス・ノーディオン社事件（勧告審決平成10年9月3日）

　ノーディオン社（カナダ）が、モリブデン99（専ら放射性医薬品であるテクネチウム99エム製剤の原料として使用される放射性同位元素）の日本のユーザーのすべてである放射性医薬品製造業者2社と10年間にわたりその全量を自社から購入する契約を締結し、競争業者の事業活動を排除した（日本におけるモリブデン99の取引分野における競争を実質的に制限。私的独占（3条前段））。ノーディオン社の競争事業者は、在ベルギーのIRE社等いずれも外国に所在する事業者であった。また、ノーディオン社は、日本国内に支店、営業所等の拠点を有していなかったが、日本の代理人弁護士に公正取引委員会からの文書の受領権限を含めて委任したため、公正取引委員会は、この代理人弁護士に対して勧告書と審決書を送達した。

⑵　塩化ビニル樹脂向けモディファイヤー事件

　塩化ビニル樹脂向けモディファイヤー（改質剤）について、3社が共同

して、販売価格の引上げを決定した（不当な取引制限（3条後段））。本件
は、日本の市場以外にも影響が及ぶ国際カルテル事件であった。公正取
引委員会は、平成15年（2003年）2月12日に、米国司法省、カナダ競
争局、欧州委員会とほぼ同時期に審査を開始した。本件は、公正取引委
員会が外国競争当局と調整を行い、同時期に審査を開始した最初の事件
である。

　なお、本件については、公正取引委員会が平成15年（2003年）に勧告
を行ったが、審判が開始され、審判審決と課徴金の納付を命じる審決が
出された後、東京高裁判決を経て、平成23年（2011年）9月30日の最
高裁決定により独占禁止法違反が確定した。

(3) マリンホース・カルテル事件（排除措置命令平成20年2月20日）

　マリンホース（タンカーと石油備蓄基地等との間の送油に用いられるゴム
製ホース）の製造販売業者8社（日本、英国、フランスとイタリアの事業者）
が合意をして、受注予定者を決定し、受注予定者が受注できるようにし
た（日本に所在する需要者が受注するマリンホースの取引分野における競争
を実質的に制限。不当な取引制限（3条後段））。公正取引委員会は、平成19
年（2007年）5月に、米国司法省、欧州委員会等とほぼ同時期に審査を
開始した。本件は、外国事業者に対して法的措置を命じた最初の国際的
な受注調整事件である。

(4) 外航海運カルテル事件（排除措置命令・課徴金納付命令平成26年3月18 日）

　欧州航路における自動車運送業務について船舶運航事業者5社（日本
とノルウェーの事業者）が、北米航路における自動車運送業務について船
舶運航事業者4社（日本とノルウェー事業者）が、それぞれ価格カルテル
を結んでいた（不当な取引制限（3条後段））。本件は、日本の市場以外に
も影響が及ぶ国際カルテル事件であった。公正取引委員会は、平成22年
（2014年）9月、米国司法省、欧州委員会等とほぼ同時期に審査を開始し
た。本件では、外国事業者に対して排除措置命令と課徴金納付命令が行
われている。

なお、本件については、米国、欧州などにおいても、措置がとられている。

⑸　ブラウン管カルテル事件（最高裁判決平成 29 年 12 月 12 日）

　日本、韓国、台湾、マレーシア、インドネシアとタイに所在するテレビ用ブラウン管の製造販売業者11社が、日本のブラウン管テレビ製造販売業者の現地製造子会社等に購入させるテレビ用ブラウン管について、おおむね四半期ごとに次の四半期における現地製造子会社等向け販売価格の各社が遵守すべき最低目標価格等を設定する旨合意した（不当な取引制限（3 条後段））。公正取引委員会は、平成 19 年（2007 年）11 月に、米国司法省、欧州委員会等とほぼ同時に調査を開始した。本件は、海外で行われた日本向けの競争制限行為について、外国事業者に対して課徴金納付命令を行った最初の国際カルテル事件である。

　なお、本件では、平成 21 年（2009 年）とその翌年の排除措置命令と課徴金納付命令についての審判審決（平成 27 年 5 月 22 日）に対する取消訴訟で原告（テレビ用ブラウン管の製造販売業者）の請求を棄却する 3 つの東京高裁判決が出され、いずれも上告されたが、平成 28 年 1 月 29 日の東京高裁判決の上告について、これを棄却する最高裁判決（平成 29 年 12 月 12 日）が出された（他の 2 件は同日に上告棄却・上告不受理の決定）。また、本件については、米国や欧州においても、措置がとられている。

2　企業結合事案

　国際的に事業活動を展開している企業が関係する企業結合では、複数の国や地域の競争当局が並行して企業結合審査を行うこととなる。そのような企業結合については、公正取引委員会が外国競争当局と情報交換などの協力を行いつつ企業結合審査を行うことも多くなっている。また、このような企業結合について、並行して審査を行っている競争当局間で相矛盾する問題解消措置が必要となるような結論に至らないよう、競争当局間で問題解消措置の調整が行われることもある。

　公正取引委員会が外国競争当局と協力をしつつ企業結合審査を行った最初の事例は、ジョンソン・エンド・ジョンソンによるガイダント・

コーポレーション（いずれも米国の事業者）の株式取得（2005年）である。本件では、公正取引委員会は、米国連邦取引委員会、欧州委員会との間で情報交換を行いつつ審査を進めた。本件株式取得により、日本の医療機器市場での一部の品目の取引分野において競争が実質的に制限されるおそれがあったものの、当事会社が予定している問題解消措置によって問題は解消されると判断された。

　また、最近では、グーグル・エルエルシーとフィットビット・インク（いずれも米国の事業者）の統合（2021年）、マイクロソフト・コーポレーションとアクティビジョン・ブリザード・インク（いずれも米国の事業者）の統合（2023年）といった、巨大IT企業が関係する企業結合事案について、海外の競争当局と協力しつつ、審査が行われている。

第10章 組織・歴史

10-1 公正取引委員会の組織

　公正取引委員会は、内閣府の外局として置かれた委員会（行政委員会）である。委員長と委員4人（計5名）で構成され、その下に事務総局が置かれている^(注1)[注1]。

　公正取引委員会の任務は、1条の目的（公正かつ自由な競争の促進）を達成することであるが（27条1項）、委員長と委員は、独立してその職権を行う（28条）（職権行使の独立性）。すなわち、公正取引委員会は、内閣府の外局ではあるものの、その具体的な職務に関しては、内閣総理大臣等の指揮命令は受けない。このため、「独立行政委員会」とも呼ばれている。

　委員長と委員は、内閣総理大臣が両議院の同意を得て任命する。委員長の任免は、天皇がこれを認証する（29条）。公正取引委員会が議事を開き、議決をするためには、委員長と2人以上の委員の出席が必要である。議事は、出席者の過半数で決し、可否同数のときは、委員長が決する（34条）。委員長と委員については、身分保障（31条）や報酬保障（36条）が規定されている。

　合議体（公正取引委員会は、合議制の行政機関）は、それぞれの構成員が自己の意見を自由に述べ相互に議論をすることを通じて適切な結論を見いだす組織形態であるから、各構成員があらかじめ他の者から拘束を受けることは、合議体の本質と相容れない。加えて、公正取引委員会の職務は、専門的分野に属し、しかも、公正かつ中立に行うことを要する^(注2)[注2]。職権行使の独立性に関する28条の規定は、こうした公正取引委員会の

職務の特質に由来するものであって、同条は、確認的に規定されたものである。

　職権行使の独立性が保障される職務は、独占禁止法その他の法律で認められた公正取引委員会の具体的な職務であり、独占禁止法違反事件や企業結合事案の審査に関する業務、事業活動等の実態調査等に関する事務、ガイドラインの作成などの独占禁止法の解釈に関する事務や、独占禁止法に違反するか否かを判断するものである事前相談等の業務は、この具体的な職務に含まれる。一方、およそ行政機関において一般的に行われる業務（法律・政令・内閣府令の制定・改廃に関する事務、予算その他の会計事務、承認人事等の人事行政事務等）には、職権行使の独立性は及ばない。

　委員長・委員と事務総局職員の公正性、中立性を一般の公務員以上に確保するため、秘密保持義務（その職務に関して知得した事業者の秘密を他に漏らすこと等の禁止）が規定されている（39条）。「事業者の秘密」とは、「非公知の事実であって、事業者が秘匿を望み、客観的に見てもそれを秘匿することにつき合理的な理由があると認められるもの」（エポキシ樹脂事件（東京地裁判決昭和53年7月28日））である。

> （注1）　公正取引委員会の組織、事務総局・地方事務所等の所在地などについては、公正取引委員会のホームページ（http://www.jftc.go.jp/）参照。
> （注2）　参議院本会議（昭和50年6月27日）における内閣法制局長官答弁。

10-2　独占禁止法の歴史

　独占禁止法は、日本が米国を中心とする連合国の占領下にあった昭和22年（1947年）に、米国反トラスト法の強い影響を受けて制定された。同時に、同法を執行する公正取引委員会が設置された。

　独占禁止法は、米国（1890年）、カナダ（1889年）に次いで世界で3番目の競争法であり、欧州では、1957年に競争法が制定された（ドイツ競争制限禁止法と欧州共同体条約（ローマ条約））。

制定当初の独占禁止法（原始独禁法）は、財閥解体、過度経済力集中排除、農地解放など日本経済の民主化政策が強力に推し進められる中で、民主的かつ非集中的な経済システムを維持するという役割が期待され、同法の執行も活発であった。

　原始独禁法には、事業会社による株式保有の原則禁止、合併の認可制、一定の共同行為の全面禁止など、今日からみても極めて厳しい規定があったが、日本が独立を回復し、朝鮮戦争後の不況という状況の中、昭和28年（1953年）に独占禁止法が大幅に緩和改正された。

　1960年代に日本経済の高度成長が進む中、特に消費財分野でのカルテルの取り締まり、再販売価格維持行為に対する規制の強化、下請法（昭和31年（1956年）制定）による公正な下請取引の実現、景品表示法（昭和37年（1962年）制定。平成21年（2009年）の消費者庁発足により、同庁に移管）による過大な景品や不当な表示の取締りといった公正取引委員会の活動に期待が高まった。一方、産業再編成による日本経済の国際競争力の強化という産業政策的観点が優先され、企業結合規制などの競争政策全体に対しては、柔軟な対応が求められていた。

　こうした中、公正取引委員会は、八幡製鐵と富士製鐵の合併事案について、4品目で競争を実質的に制限することとなる（独占禁止法に違反する）との判断を示し、同法の規定に基づき審査・審判の手続を進め、合併計画の発表から昭和44年（1969年）に同意審決で決着し合併が成立するまで約1年半を要した（新日本製鐵の誕生）。この事案は、独占禁止法の存在とその重要性を一般に認識させることとなり、日本の競争政策の転機をもたらしたとも評価されている。

　昭和48年（1973年）の石油危機勃発によって物価の異常な高騰（狂乱物価）が続く中、違法なカルテル（いわゆる便乗値上げの背後にあったヤミ・カルテル）が頻発し、公正取引委員会は、これらを摘発した。当時の代表的な事件は、石油元売業者の価格協定事件と石油連盟の生産調整事件であり、昭和49年（1974年）2月に公正取引委員会は、これらを検事総長に告発した。その後、石油元売業者の価格協定事件については、最高裁

判決（石油価格協定刑事事件（最高裁判決昭和59年2月24日））で有罪が確定したが、石油連盟の生産調整事件については、東京高裁判決（石油連盟生産調整刑事事件（東京高裁判決昭和55年9月26日））で、違法性の認識がなかったとして無罪となった。

　こうした状況を受けて、カルテル規制の実効性の強化などを目的として、昭和52年（1977年）に独占禁止法が強化改正された。この改正で、課徴金制度が導入された（課徴金算定率は、原則1.5％）。

　1980年代に入ると、第2次石油危機後の不況という状況の下、経済界などから独占禁止法の緩和改正を求める動きが再び強くなったが、特に米国との間の貿易摩擦の高まりを受けて、平成元年（1989年）から日米構造問題協議が開始され、独占禁止法・競争政策の重要性が広く認識されるようになり、1990年代に入って、独占禁止法の強化改正、同法の運用の強化と、同法を執行する公正取引委員会の組織強化が進んだ。

　平成3年（1991年）の独占禁止法改正で、課徴金算定率が原則6％に引上げられ、翌年（1992年）の改正では、カルテル等の独占禁止法違反に関する法人に対する罰金の上限額が500万円から1億円に引上げられた。

　また、公正取引委員会の定員が審査部門を中心に大幅に増加するとともに、平成8年（1996年）には、組織の強化のため、それまでの事務局体制を事務総局体制（経済取引局と審査局を設置）とする独占禁止法の改正が行われ、平成9年（1997年）と平成11年（1999年）には、独占禁止法の適用除外制度を大幅に廃止等する法改正が行われた。

　平成12年（2000年）には、独占禁止法違反行為（不公正な取引方法）に対する差止請求制度の導入等の民事的救済制度の整備を内容とする独占禁止法の改正が行われ、平成14年（2002年）の改正では、公示送達（第9章9-2参照）を可能とする書類の送達規定の整備や法人等に対する罰金の上限額の5億円への引上げなどが行われた。

　さらに、平成17年（2005年）と平成21年（2009年）の独占禁止法の改正で、同法違反行為に対する抑止力が大幅に強化された。

　平成17年（2005年）の独占禁止法改正[注1]では、課徴金算定率が原則

6%から原則10%に引き上げられ、課徴金の対象範囲も価格カルテル等から価格・数量・シェア・取引先を制限するカルテル、支配的私的独占と購入カルテルに拡大されるとともに、課徴金減免制度と犯則調査権限が導入された。また、審判制度が事前審判から事後審判となった。

平成21年（2009年）の独占禁止法改正[注2]では、新たに、排除型私的独占と優越的地位の濫用等の一部の不公正な取引方法を課徴金の対象とし（課徴金の対象範囲の拡大）、課徴金減免制度を拡充する（最大3社から5社へ、グループ申請も可能に）などの課徴金制度の見直し、命令に係る除斥期間の3年から5年への延長、不当な取引制限等の罪に対する懲役刑の3年以下から5年以下への引上げ、株式取得の事前届出制の導入等の企業結合規制の見直しなどが実現した。

平成25年（2013年）の独占禁止法改正[注3]（平成27年4月1日施行）では、審判制度が廃止され、公正取引委員会の排除措置命令等の行政処分に対する不服審査は、抗告訴訟として東京地方裁判所で審理することとなった。また、排除措置命令等の処分前手続として、意見聴取手続、証拠の閲覧・謄写に関する規定等が整備された。

平成28年（2016年）には、環太平洋パートナーシップ協定の締結に伴う関係法律の整備に関する法律（TPP協定整備法）が成立し、公布され、独占禁止法違反の疑いについて、公正取引委員会と事業者との間の合意により解決する仕組み（確約手続）が平成30年（2018年）12月30日に施行された[注4]。

令和元年（2019年）の独占禁止法改正[注5]（令和2年12月25日完全施行）では、①申請順位に応じた減算率に、事業者の協力度合いに応じた減算率を付加する調査協力減算制度の導入、②算定基礎の追加、算定期間の延長、業種別算定率の廃止などの課徴金の算定方法の見直しといった課徴金制度の見直しが行われた。

（注1）　諏訪園貞明編著『平成17年改正独占禁止法』（商事法務、2005）。
（注2）　藤井宣明・稲熊克紀編著『逐条解説 平成21年改正独占禁止法』（商事法

務、2009）。

(注3)　岩成博夫・横手哲二・岩下生知編著『逐条解説　平成25年改正独占禁止法』（商事法務、2015）。

(注4)　小室尚彦・中里浩編著『逐条解説　平成28年改正独占禁止法──確約手続の導入』（商事法務、2019）。

(注5)　松本博明編著『逐条解説　平成元年改正独占禁止法──課徴金制度の見直し』（商事法務、2020）。

●コラム●　グリーンガイドラインと業務提携

　気候変動問題が地球規模での喫緊の課題となる中、日本においても、温室効果ガスの削減目標を達成するため、環境負荷の低減と経済成長の両立する社会（グリーン社会）を実現する必要がある。公正取引委員会は、グリーン社会の実現に向けた事業者等の取組に関する新たな技術等のイノベーションを妨げる競争制限的な行為を未然に防止するとともに、事業者等の取組に対する法適用と法執行に関する透明性と事業者の予見可能性を一層向上させることを目的として、「グリーン社会の実現に向けた事業者等の活動に関する独占禁止法上の考え方」（グリーンガイドライン）を策定し、令和5年3月31日に公表した。

　このグリーンガイドラインは、その策定の時点でグリーン社会の実現との関連性が想定される事業者のさまざまな取組を取り上げ、「共同の取組」、「取引先事業者の事業活動に対する制限及び取引先の選択」、「優越的地位の濫用行為」、そして「企業結合」に分け、かつ、仮想事例もできるだけ記載して、独占禁止法上の行為類型を広範に網羅し分かりやすく示した世界初のガイドラインであるが、もう1つの特色として、業務提携に関するガイドラインでもあるということが挙げられる。

　業務提携に関しては、「業務提携に関する検討会」報告書（公正取引委員会競争政策研究センター令和元年7月10日）が公正取引委員会の考え方を窺い知るものとして活用されてきたが、グリーンガイドラインでは、この報告書と対象を同じくして、第1の3(2)「業務提携」で「基本的な考え方」と「業務提携の類型別の主な考慮事項等」が説明されていることから、業務提携一般に関する公正取引委員会初のガイドラインともいうことができる。

第11章 外国の競争法

11-1 米国の競争法

　米国の競争法である反トラスト法は、複数の法律の総称である。主に1890年に制定されたシャーマン法（Sherman Act）と、1914年に制定されたクレイトン法（Clayton Act）、連邦取引委員会法の3つの法律、それらの修正法を指す。シャーマン法はカルテルなどの取引制限と独占化行為を規制し、これを補完するためにクレイトン法と連邦取引委員会法が制定された。クレイトン法は、価格差別、不当な排他条件付取引、企業結合などに関する規制、連邦取引委員会法は、不公正な競争方法と欺瞞的な行為・慣行に関する規制を定めている。これらは連邦レベルの法律で、加えて、各州が独自に反トラスト法を制定していることが多い。

　競争法の執行機関として、連邦レベルでは、司法省反トラスト局と連邦取引委員会がある。反トラスト局は、主に価格カルテル・入札談合などのハードコアカルテルに対する刑事手続と、ハードコアカルテル、独占化行為、企業結合に対する民事手続を扱う。連邦取引委員会は、主に企業結合、独占化行為、垂直的制限に対する行政手続と民事手続を扱う。このほかに各州の司法長官も、州の反トラスト法を執行し、州民を代表して損害賠償請求訴訟を提起する権限を持つ。

　シャーマン法1条は、複数の事業者が共同で行う取引制限行為を禁止する規定である。競争者間の水平的な共同行為だけでなく、再販売価格維持などの垂直的な共同行為も同条の規制対象である。

　このうち、価格カルテル・入札談合などのハードコアカルテルは、た

とえ口頭の合意であっても当然違法（一定の行為があれば、具体的な競争制限効果が立証されなくても違反とする考え方）であり、刑事罰によって厳しく対処されている。2010 年代までは、自動車部品、自動車海上輸送、電解コンデンサなどの国際カルテルが積極的に摘発され、日本企業やその従業員が処罰の対象となることも多かった。一方、最近では、企業間での従業員の引抜き防止協定のような分野にも適用されるようになっている。

　違反行為に対する制裁に関して、米国の刑事手続では、司法取引が認められている。すなわち、違反行為者が有罪を認め、裁判を受ける権利を放棄すれば（有罪答弁）、略式起訴によって処理され、量刑手続に移る。シャーマン法 1 条と 2 条違反に対する量刑は、法人に対しては 1 億ドル以下の罰金、個人に対しては 100 万ドル以下の罰金または 10 年以下の禁固刑である（罰金と禁固刑の併科もあり得る）。罰金額は、上記にかかわらず、違反行為により獲得した利益または与えた損害額の 2 倍まで引き上げることができる。罰金額の算定は、原則として連邦量刑ガイドラインに従うが、違反の重大性その他の要素のバランスも考慮される。

　ハードコアカルテルに対する厳罰化に伴い、罰金総額は、2015 年度には史上最高額の 36 億ドルを記録した。しかし、その後は自動車部品などの国際カルテル事件の摘発が一段落し、減少している。

　カルテルへの厳正執行がムチであるとすれば、アメとしてリニエンシー（訴追免除）制度が存在する。司法省が探知していないカルテル等の情報を最初に報告した企業は、訴追を免れ、罰金が全額免除される。これに対し、第 2 番目以降の企業は、司法取引によって罰金の減額を求めることになる。また、ある事件でリニエンシーの申請順位が第 1 位でなくても別の事件で第 1 位となるような情報提供を行った場合には、当初の事件の刑罰についても大幅に軽減されるリニエンシー・プラスの制度や、個人に対してもリニエンシー制度が存在するという特徴がある。

　ハードコアカルテル以外の共同生産・販売・購入や研究開発協定、標準設定、情報交換等の水平的な共同行為については、市場支配力や新規

参入制限などの反競争的な弊害の有無と、それを上回る利益の有無を考慮し、合理の原則（一定の行為の存在に加えて、具体的な競争制限効果が立証された場合に違法とする考え方）により判断される（競争者間の提携に関する反トラストガイドライン（2000年司法省反トラスト局・連邦取引委員会））。また、垂直的な共同行為については、営業地域・顧客の制限や排他的流通制度が合理の原則の対象とされてきたが、リージン（Leegin）事件最高裁判決（2007年6月28日）によって、再販売価格維持についても判例上、当然違法から合理の原則の適用対象となった。

[図表11-1-1]　水平的な共同行為

当然違法	合理の原則
・価格カルテル	・共同販売、生産、購入
・入札談合	・研究開発協定
・市場分割	・標準設定
・共同ボイコット	・情報交換

　米国における単独行為規制の根拠規定は、シャーマン法2条であり、独占を形成または維持する行為（独占化行為）を禁止している。独占化行為の主な類型として、略奪的価格設定、抱き合わせ、排他的契約、一括販売、忠誠リベート、取引拒絶等がある。近年、シャーマン法2条の執行（裁判所への提訴）例はほとんどなかったが、2020年10月、司法省は、検索サービスと検索広告サービスにおける独占化行為の疑い（シャーマン法2条違反）でグーグルを提訴し、その後のデジタル・プラットフォームをめぐる事件では同条違反を問う例が多い。
　一方、不公正な競争方法を禁止する連邦取引委員会法5条は、シャーマン法1条、2条の予防的規定として導入されたものであることから、近年、単独行為は、同条で規制される傾向にあった。たとえば、インテル事件（2010年）、グーグル事件（2013年）、クアルコム事件（2017年）などのIT関係の事件や、ジェネリック医薬品をめぐるPay for delay（先発医薬品メーカーが後発医薬品メーカーに対し、ジェネリック医薬品の参入を

遅らせる代わりに金銭を支払うこと）などの知的財産権関係の事件で連邦取引委員会法 5 条が適用され、最近のデジタル・プラットフォームが関係する事件にも同条が適用されている。連邦取引委員会法は、連邦取引委員会のみが執行し、違反に対して、排除措置を採るが、刑事罰規定はない。

　企業結合規制について、クレイトン法 7 条は、競争を実質的に減殺したり独占を形成するおそれのある株式や資産の取得を禁止している。どのような企業結合が競争を実質的に減殺することになるかについて、司法省反トラスト局と連邦取引委員会は、2022 年から、近年のデジタル市場等における合併審査への対応を念頭にガイドラインの見直しを行ってきた。2023 年 7 月に水平合併と垂直合併の 2 つのガイドライン（水平合併ガイドライン（2010 年）と垂直合併ガイドライン（2020 年。2021 年に連邦取引委員会のみ撤回））を一本化した合併ガイドライン案の意見募集を行い、その結果、同年 12 月に新たな合併ガイドラインを公表した。この合併ガイドラインでは、合併審査における競争上の問題に関する考え方について、11 の原則を示している。合併によって集中度が著しく増大した

[図表 11 - 1 - 2] 　米国合併審査の流れ

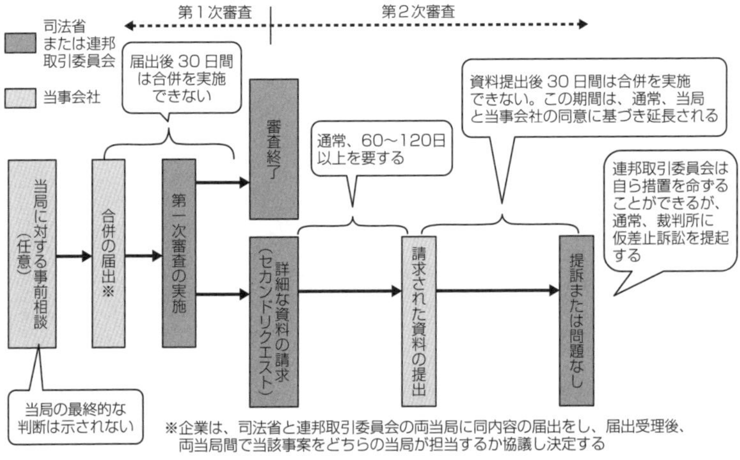

第 1 次審査　　　　　第 2 次審査

司法省または連邦取引委員会

当事会社

届出後 30 日間は合併を実施できない

資料提出後 30 日間は合併を実施できない。この期間は、通常、当局と当事会社の同意に基づき延長される

審査終了

通常、60〜120 日以上を要する

連邦取引委員会は自ら措置を命ずることができるが、通常、裁判所に仮差止訴訟を提起する

当局に対する事前相談（任意）

合併の届出※

第一次審査の実施

詳細な資料の請求（セカンドリクエスト）

請求された資料の提出

提訴または問題なし

当局の最終的な判断は示されない

※企業は、司法省と連邦取引委員会の両当局に同内容の届出をし、届出受理後、両当局間で当該事案をどちらの当局が担当するか協議し決定する

り、協調行動のリスクが高まるといった場合に違法となる可能性がある
といった従来からある考え方に加え、潜在的な参入者が排除される場合、
連続的な買取の一部である場合、多面的プラットフォームに関連する場
合、労働市場に影響を与える場合などに競争に生じる影響を調査すると
いった考え方が示された。

　企業結合の届出制度については、ハート・スコット・ロディノ反トラス
ト改善法（1976 年）に定められている。届出基準は当事者の規模と取
引の規模に基づき、毎年改定される。届出は、司法省反トラスト局と連
邦取引委員会の両方に行い、両当局のいずれかが審査を担当する。届出
後 30 日間の待機期間には、企業結合を実施できない。この期間内に第 1
次審査が行われ、詳細な資料が要求される場合には、第 2 次審査に進む。
第 2 次審査において、当局から求められた資料の提出完了後 30 日間は
企業結合を実施できないが、通常は、当局と企業側の合意に基づき、第
2 次審査の終了まで待機期間が延長される。第 2 次審査の結果、競争上
の問題がある場合には、当局は、合併の差止めを求めて裁判所に提訴す
るが、企業側から問題解消措置が提示され、合意される場合は、裁判所
の同意命令・同意判決により審査が終了する場合も多い。

　反トラスト法違反行為によって損害を被った私人は、クレイトン法 4
条に基づき、違反行為者に対する損害賠償請求訴訟を提起できる。損害
の 3 倍までの賠償が請求でき（3 倍額賠償）、集団訴訟（クラスアクション）
が可能であるため、損害賠償額が非常に高額になり得る。

11-2　EU の競争法

　欧州連合（European Union（EU））の競争法に当たるのは、欧州連合の
機能に関する条約（EU 機能条約。EU 運営条約ともいう）101 条（カルテル
規制）、102 条（単独行為規制）と欧州連合理事会規則 139/2004 号（合併規
制）である。また、各加盟国は、それぞれ競争法を有している。

EU レベルで競争法を執行するのは、欧州委員会である。27 名の欧州委員会委員のうち 1 名が競争政策を担当している。また、実務担当部局として競争総局（Directorate-General for Competition（DG COMP））が置かれている。これとは別に、加盟国にはそれぞれの競争法を執行する競争当局が存在し、執行面での協力・調整を行っている。

EU 機能条約 101 条は、加盟国間の取引に影響を与え、域内市場の競争を制限する目的を有したり、その結果をもたらす事業者間の共同行為を禁止している。価格カルテル、数量カルテル、市場分割等のハードコアカルテルを含めカルテル全般が本条の規制対象となる。再販売価格維持行為についてもタテのカルテルとして本条により禁止される。

欧州委員会の執行は、すべて行政手続による（各加盟国では刑事手続が存在する場合も多い）。競争総局が調査を行い、聴聞手続を経て措置が決定される。欧州委員会の措置に不服がある者は、欧州普通裁判所（General Court）に提訴することができ、その判決に不服がある場合は、上級裁判所（Court of Justice）に上告が可能である。

欧州委員会は、違反行為に対し、直近会計年度における全世界売上高の 10％以下の制裁金を課すことができる。具体的な制裁金額は、制裁金ガイドライン（1998 年（2006 年改定））を基に算定される。

EU では、刑事罰や個人に対する制裁はないものの、米国と同様、ハードコアカルテルは特に厳しく対処されており、違反事業者には高額の制裁金が課される。国際カルテルも例外ではなく、市場分割カルテルの場合、たとえ欧州域内で売上げがなくても巨額の制裁金が課され得る。

他方、リニエンシー制度が存在し、欧州委員会の立入検査を可能としたり違反行為の証明を可能とするような重要な証拠・情報を最初に提出し、当局への協力、違反行為の終了等の要件を満たす事業者は、制裁金を全額免除される。また、欧州委員会が既に証拠を有していても、付加価値が高い証拠を提供する等の協力を行う場合には、最初の申請者は制裁金の 30〜50％、第 2 位の申請者は 20〜30％、第 3 位以降の申請者は 20％を上限とする制裁金の減額を受けられる。

リニエンシー制度のほかに、事業者がカルテルへの関与を認め、その責任を負う場合には、制裁金を一律に 10％減額する和解手続が 2008 年に導入され、活用されている。同制度の目的は手続の迅速・効率化であり、早期に事件を解決することで当局のリソースを他の事件に割り当てられる。事業者にとっても手続や公表内容の簡素化などのメリットがある。

　ハードコアカルテル以外の共同行為については、合理の原則が適用される。水平的協調に関するガイドライン（2011 年）において、競争制限効果と競争促進効果を比較衡量して判断すること等が示されている。一方、欧州共同体の生産・流通・技術その他の経済的利益の向上が認められる等の要件に合致すれば、カルテルに関する一括適用除外の対象となり得る。たとえば、共同研究開発に関する一括適用除外規則（2010 年（2023 年改正））では、シェア 25％以下の共同研究開発を適用除外にしている。水平的協調に関するガイドラインは 2023 年に改正され、気候変動や環境汚染対策等のサステナビリティ協定に対する競争法適用の考え方が新たに示されたほか、競争事業者間の情報交換についてより詳細な考え方が示された。

　EU 機能条約 102 条は、単独行為規制に関する規定である。EU 域内市場における支配的地位を濫用する事業者の行為は、それが加盟国間の取引に悪影響を及ぼすおそれがある場合には禁止される。具体的な行為類型としては、排他的取引、抱き合わせ、一括販売、略奪的行為、取引拒絶、マージンスクイーズなどが対象である。EU 機能条約 102 条の適用に関するガイドライン（2009 年）では、支配的地位の濫用に関する考慮要素と濫用行為の形態について、考え方を示している。

　市場支配的地位の濫用行為も制裁金の対象であり、高額の制裁金が課され得る。一方で、事業者が、欧州委員会が示した懸念に対応する措置（確約）を申し出た場合、欧州委員会は確約の概要を公表し、意見を募集した上で、確約が事業者を拘束する決定を下すことができる。確約決定がなされる場合、違反行為の有無は認定されず、制裁金は課されない。

[図表 11 - 2 - 1] EU の合併審査の流れ

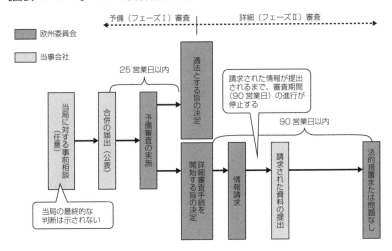

確約は、ハードコアカルテル以外の違反行為について活用されている。最近では、2022 年 12 月に、アマゾンによる Buy Box と Prime プログラムをめぐる反競争的行為の疑いに関する事件で確約決定がなされた。

　企業結合規制に関する規定である理事会規則 139/2004 号の 1 条 2 項と 3 項では、共同体規模を有する企業結合が同理事会規則 4 条に基づく届出の対象になると規定している（当事者の全世界・EU 内の売上高や EU 内売上高に占める同一加盟国での売上高の割合等に基づく届出基準が定められている）。届出の対象となる企業結合については、共同体市場と両立するか否かの観点から評価される。特に支配的地位の形成または強化の結果として、共同体市場またはその実質的部分で、有効な競争が著しく阻害されることとなる企業結合は、共同体市場と両立しないとして禁止される。企業結合の届出後 25 営業日以内に予備審査（フェーズ I 審査）が行われ、詳細な審査（フェーズ II 審査）を開始する旨の決定が行われる場合には、90 営業日以内に法的措置が採られるか、あるいは問題なしとされる（日本や米国と同様、予備審査と詳細審査の二段階審査）。

企業結合の評価手法を示すものとして、水平合併ガイドライン（水平合併の評価に関する欧州委員会告示（2004 年））と非水平合併ガイドライン（非水平合併の評価に関する欧州委員会告示（2008 年））がある。市場画定告示（共同体競争法のための関連市場の画定に関する委員会告示（1997 年））に基づいて画定された関連市場における、市場シェア、単独行為と協調行為、参入、効率性、破綻等が考慮される。市場画定告示については、2022 年 11 月に、デジタル分野における市場画定に関する新たな指針を出すこと等を目的として改正案の意見募集が行われた。

　従来、欧州では米国ほど競争法に関する損害賠償請求訴訟が活発ではなかった。また、欧州機能条約には、競争法違反行為による損害を受けた被害者の損害賠償請求権に関する規定が存在しなかったため、これを補い、2014 年に損害賠償請求に関する委員会指令（Directive 2014/104/ EU on Antitrust Damages Actions）が成立、各加盟国においてこれに基づく制度の導入が行われている。

　競争法の分野では、デジタル分野における競争上の問題に関心が高まっているが、欧州では、2022 年 11 月に、デジタル・プラットフォーム事業者に「ゲートキーパー」としての一定の義務を課すことによって、市場の公正性と開放性を確保するため、デジタル市場法（Digital Markets Act（DMA））が発効した。欧州委員会競争総局も同法の執行に関与しており、担当部署が設置されている。2023 年 9 月には、ソーシャルネットワーキングサービス、オンライン仲介サービス等 8 つの分野で 6 社を「ゲートキーパー」とする指定が行われ、指定された事業者は 6 か月以内にゲートキーパーとしての義務を完全に遵守することが求められている。

11-3　韓国の競争法

　韓国の競争法は、アジアで日本に次いで長い歴史を持つ。公正取引法（独占規制及び公正取引に関する法律）は、1980 年 12 月に公布され、1981

年4月に施行された。2020年12月に全面改正され、2022年12月末までに段階的に施行された。

　競争法の執行機関は、公正取引委員会である。公正取引委員会は、公正取引法以外に下請取引の公正化に関する法律（1984年）、表示及び広告の公正化に関する法律（1999年）等も所管する。

　公正取引法は、カルテル等の共同行為の規制として、事業者が、他の事業者と共同して不当に競争を制限する行為について合意したり、他の事業者にそのような行為をさせたりすることを禁止する（公正取引法40条1項）。そのような行為のうち、ハードコアカルテルは当然違法であり、それ以外の行為には合理の原則が適用される。なお、事業者団体の行為については、不当な共同行為、事業者数の制限、構成事業者の事業内容やその活動の不当な制限等が禁止されている（公正取引法51条1項）。

　また、垂直的な共同行為のうち、再販売価格維持行為については、公正取引法46条で禁止されている。

　公正取引委員会は、職権探知や申告により審査を開始し（公正取引法80条1項・2項）、立入検査、関係事業者や利害関係人の事情聴取、資料提出命令などを通じて審査を行う（公正取引法81条）。審査結果を関係事業者に通知し、意見陳述の機会を与えた後、委員会が審理を行う。違反行為が認定された場合、是正命令または是正勧告が行われる。この処分に対して不服がある者は、処分の通知後30日以内に異議申立てをするか、ソウル高等法院に直接訴えの提起をすることができる。異議申立てに対し、公正取引委員会は、原則60日以内に裁決しなければならない。

　公正取引委員会は、特定の違反行為について、事業者や事業者団体に課徴金を課すことができる。課徴金の算定について、公正取引委員会は、違反行為の内容と程度、違反行為の期間と回数、違反行為によって得た利益の規模等を考慮する。具体的には、関連売上額に行為の重大性に応じた基準率を乗じた上で、違反行為の期間、累犯等の考慮要素に応じた1次調整を行い、さらに、違反行為者の故意・過失等の考慮要素により増額・減額を行う2次調整を行って算定する。さらに、当事者の責任能力、

市場に及ぼす効果、その他の条件を考慮して賦課が過重である場合、リニエンシー申請がある場合も含めて減免が適用され、課徴金が算定される。リニエンシーを申請した第1位の事業者は課徴金の全額免除を、第2位の事業者は50％の免除を受けられる。また、他の違反行為についての情報提供によって課徴金の免除等を受けられるリニエンシー・プラスの制度がある。

　主な実体規定違反に対しては、刑事罰も存在し、違反の程度が重大であり、競争秩序を著しく阻害すると認められる場合、公正取引委員会は検事総長に告発しなければならない。また、検事総長や、監査院長、中小ベンチャー企業部長官、調達庁の長による告発要請があるときは、公正取引委員会は、検事総長に告発しなければならない。

　単独行為に関しては、市場支配的地位にある事業者の濫用行為が禁止されている（公正取引法2章）。市場支配的事業者とは、一定の取引分野における供給者または需要者であって、単独でまたは他の事業者とともに商品または役務の価格、数量、品質その他取引条件を決定し、維持し、または変更することができる市場支配的地位を有する事業者である。実際に市場支配的事業者に該当するかどうかを判断するに当たっては、市場シェア、参入障壁の有無やその程度、競争事業者の相対的規模等が考慮されるが、1社の市場シェア50％以上の事業者や市場シェア上位3社の合計が75％以上である場合の各事業者（市場シェア10％未満の事業者を除く）について、市場支配的事業者の推定が働く（公正取引法6条）。市場支配的事業者は、価格の不当な決定・維持・変更、商品の販売や役務の提供の不当な調節、競争事業者の事業活動や新規参入の不当な妨害、競争事業者の不当な排除等の行為を行ってはならない（公正取引法5条1項）。

　企業結合規制（公正取引法3章）について、公正取引法7条は、一定の取引分野における競争を実質的に制限する企業結合（株式保有、役員兼任、合併、営業の譲受け等）を禁止している。当事会社の合算市場シェアが市場支配的事業者の基準に合致し、一定の取引分野において第1位となるとともに、第2位の会社のシェアとの差が25％以上となる場合等には、

競争の実質的制限が推定される（公正取引法9条3項）。他方、効率性の増大効果が競争制限による弊害よりも大きい場合や破綻企業による企業結合の場合などは企業結合の禁止規定の適用が除外される（公正取引法9条2項）。

　企業結合の届出について、資産総額または年間売上額が3000億ウォン以上の会社が、資産総額等が300億ウォン以上の会社の株式の20%以上を所有したり、合併、営業譲受等を行った場合、30日以内に届出を行わなければならない（公正取引法11条）。一方、当事会社のうち1以上の会社が大規模会社（資産総額または売上額が2兆ウォン以上の会社）である場合や、届出対象にならない小規模な会社を取得する場合でも、企業結合の対価が6000億ウォン以上で、取得される会社が直近3年間に月当たり100万人以上を対象に商品やサービスを販売・提供するなど、相当の事業活動を行っている場合には事前届出が必要である。公正取引委員会は、企業結合の届出後30日以内に審査を行い、その結果を届出会社に通知する。ただし、必要と認める場合には、期間を短縮したり、90日間までの審査期間の延長が可能である（公正取引法11条7項）。

　市場集中の規制に加えて、経済力集中の抑制のため、持株会社と大規模企業集団に対する規制が存在する（公正取引法4章）。また、資産総額5兆ウォン以上の公示対象企業集団が指定され、公正取引委員会によって情報公開が行われるほか、資産総額が国内総生産額の0.5%以上である相互出資制限企業集団については、相互出資・循環出資の禁止、系列会社に対する債務保証の禁止、金融会社と保険会社の議決権の制限等がある。

　事業者は公正な取引を阻害するおそれのある行為をしたり、系列会社や他の事業者にそのような行為を行わせてはならない（公正取引法45条1項）（不公正な取引行為の禁止）。不公正な取引行為の具体例として、不当に取引を拒絶したり、取引の相手方を差別して行う行為（取引拒絶、差別的取扱い）、不当に競争者を排除する行為（不当廉売、不当高価購入）、不当に競争者の顧客を自己と取引するよう誘引し、または強制する行為

（不当な顧客誘引、取引強制）、自己の取引上の地位を不当に利用して相手方と取引する行為（購入強制、利益提供の強要等）、取引の相手方の事業活動を不当に拘束する条件で取引したり、他の事業者の事業活動を妨害する行為（拘束条件付取引、事業活動の妨害）等がある。

　近年、公正取引委員会は、カルテル、入札談合の摘発を活発に行っている。また、デジタル分野の法執行についても積極的に取り組んでおり、2021年にグーグルがスマートフォンのAndroid OSにおける市場支配的地位を濫用し、競合するOSの新規参入を阻止するなどの行為を行ったとして、2074億ウォンの制裁金を課したほか、2023年には、自社のアプリマーケットであるGoogle Playでのみゲームを発売するようにさせたとして、同社に421億ウォンの制裁金を命じている。また、同年に、タクシー配車サービスのカカオモビリティが自社のタクシー配車を優遇したとして、275億ウォンの制裁金を命じた。

11 - 4　中国の競争法

　中国では、2008年8月に独占禁止法（反壟断法）（中華人民共和国主席令2007年第68号）が施行された。2022年に大幅な改正が行われ、同年8月に改正法が施行された。

　国務院が、競争政策全般をとりまとめる組織として独占禁止委員会を設置し、独占禁止法の執行については、国務院独占禁止法執行機関が担当することとされている。独占禁止法制定当初は、商務部、国家発展改革委員会、国家工商行政管理総局の3つの当局が分担していたが、2018年4月にこれら3当局を統合し、国家市場監督管理総局が設立された。さらに2021年11月、国家市場監督管理総局独占禁止局から、新たに国家局として、競争政策の立案等を担当する競争政策協力局、独占的協定・市場支配的地位の濫用の事件審査を担当する独占禁止執行第1局、企業結合審査を担当する独占禁止執行第2局からなる国家独占禁止局が発足

した。なお、独占禁止法執行機関は、必要に応じて、省、自治区や直轄市における人民政府の市場監督管理機関に対して権限を授与し、法執行業務を行わせることができる。

　独占禁止法は、独占的協定、市場支配的地位の濫用、企業結合および行政権力の濫用における競争の排除・制限を規制対象としている。

　カルテル等の共同行為は、独占的協定として禁止されている（独占禁止法2章）。独占的協定とは、競争を排除したり制限したりする合意、決定、その他の協調行為であり、競争者間の独占的協定と、事業者と取引先の間の独占的協定がある。競争者間の独占的協定として禁止される行為には、価格カルテル、数量カルテル、市場分割等のカルテルや共同ボイコット等がある（独占禁止法17条）。また、垂直的制限も独占禁止法2章の規制対象であり、事業者と取引先の間の独占的協定として禁止される行為には、再販売価格の固定、販売価格についての最低価格の設定等がある（独占禁止法18条）。

　単独行為規制については、市場支配的地位の濫用行為が禁止されている（独占禁止法3章）。市場支配的地位とは、事業者が、市場において、商品の価格、数量その他の取引条件を支配したり、他の事業者の市場への参入を阻害したり影響を与えることができる地位である（独占禁止法22条）。そのような地位の認定に当たっては、事業者の市場シェア、市場の競争状況等が考慮されるが（独占禁止法23条）、1社の市場シェアが50％以上の場合等には市場支配的事業者であるとの推定が働く（独占禁止法24条）。具体的な濫用行為としては、他と比べて不当に高い価格での販売や低い価格での購入（不当高価格販売・不当低価格購入）、正当な理由のない原価割れ販売、取引拒絶、排他条件付取引、抱き合わせ等の不合理な条件付取引・差別的販売等がある。また、市場支配的地位を有する事業者が、データ、アルゴリズム、技術、プラットフォームの規則等を利用して、これらの行為を行うことも禁止される。2023年4月に改正された「市場支配的地位の濫用行為の禁止に関する規定」では、プラットフォームを含めた関連市場の定義の明確化、市場支配的地位の濫用行為

の各類型についてのプラットフォーム分野に関する考え方の明記、プラットフォーム事業者が市場支配的地位を有すると判断するための考慮要素に「取引金額」、「取引数量」と「アクセス制限を行う能力」を追加するなど、プラットフォーム事業者の市場支配的地位の濫用行為に関する考え方を明確化した。

独占的協定等の被疑行為に対する執行当局の調査権限として、関連事業者や関連する場所への立入検査、関連事業者と利害関係者に対する質問、事業者の会計書類等の閲覧・謄写、証拠物の封印・押収等が可能である。調査を拒否したり妨害したりした場合には、個人や事業者に制裁金を課せるほか、刑事責任を問うこともできる。執行機関は、調査の結果、独占的行為等が存在すると認めた場合は、処理について決定を行わなければならないが、ハードコアカルテル以外の行為について、対象事業者が一定期間内に競争阻害効果を解消する措置を採ることを承諾した場合には、調査の中止を決定することができる。対象事業者が、執行当局の決定に不服がある場合には、行政不服審査または行政訴訟の提起が可能である。

独占禁止法違反行為が認定された場合の措置や制裁としては、カルテル等の独占的協定の場合は、違法行為の停止命令と違法所得の没収といった措置に加え、独占的協定の実施前は、300万元以下の制裁金、独占的協定の実施後と市場支配的地位の濫用の場合は、前年度売上高の1%以上10%以下の制裁金等が課される。他方、独占的協定については、リニエンシー制度が存在し、水平的協定について、事業者の申請順位が第1位の場合は制裁金の100%免除または80%を下回らない範囲で減額、第2位の場合は30%から50%の間で減額、第3位の場合は20%から30%の間で制裁金を減額することができる。

企業結合について、独占禁止法4章（事業者集中）は、競争を排除したり制限する効果を有したり、そのおそれのある合併を禁止している（独占禁止法34条）。ただし、事業者が、合併の競争促進効果が競争阻害効果を明らかに上回ったり、社会的利益に適合するものであることを証明で

きた場合には、その合併を禁止しない旨の決定を行うことができる。また、競争阻害効果を軽減するために、合併について一定の条件を付した上で認める旨の決定を行うことができる。

　全世界売上高と中国国内売上高が一定の基準を超える事業者の企業結合は、当局への事前届出が必要となる。ただし、水平型合併で市場シェア15%未満の場合や垂直・混合型合併で市場シェア25%未満の場合等には、簡易な届出が認められている。

　合併審査の手続は、二段階で、第1次審査では、届出が受理されてから30日以内に、承認する旨の決定か詳細審査手続を開始する旨の決定が行われる。第2次審査では、第1次審査の決定日から90営業日以内に、法的措置または承認が行われるか、60日以内の審査の延長決定が行われる。2022年の改正により、一定の場合に審査期間を中断することができるようになった。

　合併審査での考慮事項としては、事業者の市場シェアと市場に対する支配力、関連市場の市場集中度、市場への参入と技術進歩に与える影響、消費者や他の関連する事業者に与える影響、国民経済の発展に与える影響等がある（独占禁止法33条）。2022年の改正等により、データを把握し処理する能力、データ等を支配することによる市場参入への影響等の要素が盛り込まれた。

　中国の独占禁止法に特有の規定として、行政権力の濫用による競争の排除・制限の禁止（独占禁止法5章）がある。行政機関等が、事業者に対し、特定の事業者の商品のみを取り扱うよう制限したり、特定の地域の商品について差別的な価格を設定したりすることにより、地域間における商品の自由な流通を妨害することや、他の地域の事業者に対し、入札への参加、投資、支店の開設等を制限することなどを禁止している。独占禁止法執行機関は、違反行為を行った行政機関の上級機関に対し、処理に関する意見を提出する。

　中国では独占禁止法が施行されてから10年以上が経過し、各分野での執行事例が蓄積されている。特にデジタル分野における市場支配的地

位の濫用行為について、2021年にアリババグループに対して約182億元の制裁金、フードデリバリー事業者の美団に対して約34億元の制裁金を課すなど、積極的な法執行の動きがみられた。

11 - 5　インドの競争法

　インドでは、2003年1月に競争法が成立し、2003年10月に同法の執行機関であるインド競争委員会が設立された。2007年に同法が一部改正された後、2009年5月から反競争的協定および支配的地位の濫用に関する規制、次いで、2011年6月から企業結合に関する規制の運用が開始された。2023年4月に企業結合審査手続やリニエンシー制度の見直し、和解・確約制度の導入などを内容とする競争法の改正が成立している。

　競争法の執行機関はインド競争委員会であり、同委員会の下に事務局が置かれている。また、2007年の競争法の一部改正によって、インド競争委員会の決定に対する不服申立てを審理する競争審判所が設立されたが、2017年に廃止され、その機能は全国会社法不服審判所に移管された。全国会社法不服審判所の決定等に不服がある場合には、さらに最高裁判所に不服申立てを行うことができる。

　競争法3条では、インド国内の競争に相当な悪影響を及ぼすか、そのようなおそれのある水平的協定や垂直的協定を禁止している。水平的協定は、直接または間接的に価格を決めること（価格カルテル）、生産・供給協定、市場分割、入札談合などであり、これらは原則として競争に相当な悪影響を及ぼすと推定される。一方、効率性の向上が生ずるようなジョイントベンチャーに関する協定については、そのような推定はない。また、抱き合わせ販売、排他的供給、排他的流通、取引拒絶、再販売価格維持などの垂直的制限については、競争に相当な悪影響を及ぼしたり、そのおそれがある場合に禁止される。そのような判断を行うに当たり、新規参入者に対する参入障壁、既存の競争者の排除、参入妨害、消費者

利益の有無、商品・役務の提供面の改善、科学・技術・経済面での発展の促進等が考慮される。

　競争法4条は、インド国内の関連市場で支配的地位を有する事業者や複数の事業者の集団による支配的地位の濫用を禁止している。事業者や事業者の集団が支配的地位を有するかについては、行為者や競争者のシェアや規模、市場規模、市場構造などを考慮して判断される。具体的な濫用行為としては、不公正または差別的な取引条件や価格を設定すること、商品の生産や役務の提供を制限すること、市場への参入ができなくなるような取引方法を用いることなどが挙げられる。

　インド競争委員会は、反競争的協定や支配的地位の濫用違反の疑いがある行為に対して調査を行い、一応の証拠があると判断される場合には、事務局長に命じて調査を行わせ、報告させる。調査の結果、違反行為が認定されれば、行為の取りやめなどの命令を行うとともに、過去3会計年度分の平均売上高の10%以下（競争法3条違反の場合には、違反行為期間における利益の3倍とその期間における売上高の10%相当額のいずれか高い方以下）の制裁金を課すことができる。一方、リニエンシー制度が存在し、最初の申請者は最大100%、第2位の申請者は最大50%、第3位の申請者は最大30%までの制裁金の免除が行われる。2017年1月に、インド鉄道等による電子機器の調達に関するカルテルについて、Pyramid Electronicsに対し、初めてリニエンシー制度の適用が行われた。2023年の競争法の改正によって、制裁金算定時に全世界売上高を考慮することができるようになった一方、別のカルテルに関する自主申告を行った場合に制裁金が免除されるリニエンシー・プラスの制度が導入されることになった。また、水平的なカルテル以外の事案について、和解・確約手続の制度が導入されることになった。

　企業結合規制について、競争法6条は、インド国内の関連市場における競争に相当の悪影響を及ぼしたり、そのおそれがある企業結合を禁止している。インド国内において、当事会社の国内合算総資産が200億インドルピー超や合算売上高が600億インドルピー超などの場合に、取締

役会による合併の承認や合意文書の締結の日から 30 日以内にインド競争委員会に届出を行う必要がある。加えて、2023 年の競争法改正により、企業結合に関する取引金額が 200 億ルピーを超え、取引対象企業の全世界における顧客数の 10% 以上がインドの居住者であるなど、インドにおける実質的な事業活動を行っている場合にも届出対象となった。企業結合の審査は二段階で行われ、第 1 次審査は届出受理後 30 日以内に行われる。届け出られた企業結合が、インド国内の関連市場における競争に相当の悪影響を及ぼすかそのおそれがあると判断された場合には、第 2 次審査が開始される。第 2 次審査は、届出から最長 150 日以内に行われる。

　日系企業を含む外資系企業に対しても積極的な法執行を行っており、最近の事件として、マルチ・スズキがディーラーに対する値引き規制方針を実施したことに対し、再販売価格維持行為として 20 億ルピーの制裁金を命じた事件（2021 年）、ベアリングカルテル事件（2014 年にリニエンシー申請を受けて調査を開始したが、2021 年に証拠不十分でカルテル違反行為を認定せず審査を終了）、自動車運搬船カルテル事件（2022 年 1 月に日系 3 社に制裁金を賦課）がある。また、グーグルが、アンドロイド OS 搭載端末に同社の企業向けクラウドツールを事前に搭載することを端末メーカーに強制しているとして、約 134 億ルピーの制裁金等を命じた事件や、グーグル・プレイストアでの購入やアプリ課金について第三者の決済サービスの利用を制限したとして、約 94 億ルピーの制裁金を命じた事件（いずれも 2022 年）など、デジタル分野の法執行にも積極的である。

●コラム●　アジアの競争法

アジアでは、最も競争法の歴史が古い日本（1947年制定、同年施行）に次いで、韓国（1980年制定、1981年施行）、台湾（1991年制定、1992年施行）と、東アジア地域で競争法の制定が先行した。その後、アジア通貨・経済危機を契機に、タイやインドネシアで競争法が導入された。さらに、2000年代に入り、経済規模の大きいインド（2003年制定）、中国（2007年制定、2008年施行）で競争法の整備が進んだ。

また、ASEANでは、タイ、インドネシアに次いで、ベトナム、シンガポールにおいて競争法が制定された（いずれも2004年制定）。さらに、2007年12月のASEAN首脳会議において、AEC（ASEAN経済共同体）ブループリントが採択され、域内において競争制限的な行為が行われないようにするために2015年までに全加盟国が競争政策・競争法を導入する等の目標が設定されたこともあり、2010年代以降、競争法の導入が加速した。2010年にはマレーシア、2015年には、フィリピン、ミャンマー、ブルネイ、ラオスが相次いで競争法を制定し、2021年にカンボジアで競争法が制定・施行されたことで、すべてのASEAN加盟国で競争法が成立している。

さらに、本章で取り上げたように、中国、インドなど、2000年代以降に競争法を制定した国においても、競争法制定後、一定期間が経過し、法執行経験が蓄積したことや、デジタル経済の進展などの変化へ対応するよう、法改正が行われている。ASEAN諸国においても、タイ（取引競争法の制定（2017年））、ベトナム（競争法改正（2018年））、インドネシア（オムニバス法に基づく競争法の改正（2020年））などで法改正等が行われ、マレーシアでも企業結合規制の導入を柱とする法改正が目指されているなど、競争法を強化する動きがみられる。

[図表11-5-1]　アジアにおける競争法の制定状況

国・地域	競争法の制定状況（2023年11月現在）
日　本	私的独占の禁止及び公正取引の確保に関する法律（1947年制定、同年施行）
韓　国	独占規制及び公正取引に関する法律（1980年制定、1981年施行）
台　湾	公平交易法（1991年制定、1992年施行）
タ　イ	取引競争法（1999年制定、同年施行）

インドネシア	独占的行為及び不公正な事業競争の禁止に関するインドネシア共和国法（1999 年制定、2000 年施行）
インド	2002 年競争法（2003 年制定、2009 年までに企業結合規制を除き施行（企業結合規制については 2011 年施行））
ベトナム	競争法（2004 年制定、2005 年施行）
シンガポール	2004 年競争法（2004 年制定、2005 年、2006 年一部施行。企業結合規制については 2007 年施行）
中　国	独占禁止法（反壟断法）（2007 年制定、2008 年施行）
モンゴル	モンゴル競争法（2010 年制定、同年施行）
マレーシア	2010 年競争法（2010 年制定、2012 年施行）
香　港	競争法（2012 年制定、2015 年末施行）
フィリピン	フィリピン競争法（2015 年制定、同年施行）
ミャンマー	競争法（2015 年制定、2017 年施行）
ブルネイ	2015 年競争令（2015 年制定、2017 年および 2020 年に一部施行）
ラオス	競争法（2015 年制定、2016 年施行）
カンボジア	競争法（2021 年制定、同年施行）

●独占禁止法・競争政策に関する情報源

　独占禁止法や競争政策に関しては、独占禁止法全体についての入門書や体系書、カルテル、企業結合、課徴金減免制度など一定の分野を詳細に取り上げたもの、逐条解説書、実務的なものや学説を含め詳しく論じられたものなどさまざまな書籍が出版されているが、ここでは、主として、インターネットを利用して、誰でも比較的容易に入手することのできる情報源を紹介する。

○　公正取引委員会のウェブサイト（https://www.jftc.go.jp）
　　公正取引委員会の組織や活動に関する情報のほか、独占禁止法に関するさまざまな情報を入手することができる。

　　たとえば、公正取引委員会の組織・所在地等、報道発表資料、所管法令・ガイドライン、審決等データベース（公正取引委員会の審決・決定・排除措置命令・課徴金納付命令、独占禁止法関係の主要な判決・裁判所の決定等を検索可能）、相談事例集、主要な企業結合事例などの企業結合規制に関する各種の情報、入札談合等関与行為防止法、世界の競争法、国際協定等の国際的な取組、相談・手続窓口、CPRC（競争政策研究センター）、事務総長定例会見、年次報告、毎年度の独占禁止法違反事件の処理状況、独占禁止法改正に関する情報、よくある質問コーナー、各種パンフレット、講演会の案内などが掲載されている。公正取引委員会公式SNS（X（旧Twitter）、Facebook、YouTube（公正取引委員会動画チャンネル））も用意されている。

　　また、公正取引委員会の以前のウェブサイトは、国立国会図書館インターネット資料保存事業（https://warp.ndl.go.jp/waid/4766）で見ることができる（最も古い保存日は、2007年4月26日）。

○　e-Gov 法令検索（https://elaws.e-gov.go.jp）
　　法令（憲法、法律、政令、勅令、府令、省令、規則）が提供されているシステムで、法令用語や法令名などで検索することができる。

○　裁判例情報（https://www.courts.go.jp）

　　判決を検索することのできるサイトで、最高裁、高裁、地裁等の
ウェブサイトからもアクセス可能である。ただし、すべての判決が掲
載されているわけではない。

　その他、独占禁止法関係法令集、公正取引委員会審決集（公正取引委員
会の審決・決定・排除措置命令・課徴金納付命令に加え、独占禁止法関係の主
要な判決・裁判所の決定を収録）、公正取引委員会年次報告などの印刷物や、
競争の法と政策に関する月刊誌「公正取引」などについては、公正取引
協会のウェブサイト（https://www.koutori-kyokai.or.jp）をご参照いただき
たい。

はじめて学ぶ独占禁止法〔第 4 版〕

2016 年 6 月10日	初　版第 1 刷発行
2019 年 6 月20日	第 2 版第 1 刷発行
2021 年 3 月10日	第 3 版第 1 刷発行
2024 年 3 月20日	第 4 版第 1 刷発行

編 著 者　　菅　久　修　一

著　　者　　南　　雅　晴　　天　田　弘　人
　　　　　　小　室　尚　彦　　田　邊　貴　紀
　　　　　　稲　熊　克　紀　　五十嵐　俊　子

発 行 者　　石　川　雅　規

発 行 所　　株式
　　　　　　会社　商 事 法 務

〒 103-0027 東京都中央区日本橋 3-6-2
TEL 03-6262-6756・FAX 03-6262-6804〔営業〕
TEL 03-6262-6769〔編集〕
https://www.shojihomu.co.jp/

落丁・乱丁本はお取り替えいたします。　　印刷／三報社印刷
ⓒ2024 Shuichi Sugahisa　　　　　　　　　Printed in Japan
　　　　　　Shojihomu Co., Ltd.
ISBN978-4-7857-3097-0
＊定価はカバーに表示してあります。